우리는 종종 어디로, 왜 가야 하는지조차 모르 채 '여식히' 산다. 비영리 조직 ▌▌▌▌ !대한 목 표는 사라지 ▌▌▌▌ 의 문제 와 해결의 성 ▌▌▌▌ 성과를 좌우한다고 ▌ ▌ 린 것에 감사드린다. _ ▌▌ ▌▌▌ 너나은미래 대표

'비영리'와 '영리'라는 수단적 선택을 뛰어넘어 '좋은 조직'과 '위대한 조직'이라는 존재·가치적 선택의 기로에 선 모든 이에게 이 책은 다양한 시사점을 던져줄 것이다. 현재와 미래의 많은 리더들이 이 책을 읽고 비영리 분야의 혁신을 이루고 경쟁력을 높이는 가슴 뛰는 비전에 공감하고, 또한 자신들의 막중한 책임을 통감하는 계기가 되기를 기대한다. _ **이혜영** 아쇼카 한국 대표

최근 비영리 리더와 실무자를 많이 만나면서, 그들이 얼마나 건강한 조직에 목말라하는지 실감한다. 방대한 데이터를 토대로 짐 콜린스가 제시하는 지침과 해법은 한국 비영리 조직에 절실한 조언이다. 우리 사회와 조직의 혁신을 놓고 고민하는 모든 이에게 정독을 권한다. _ **최경인** 진저티프로젝트 대표

비영리 분야를 위한
좋은 조직을 넘어 위대한 조직으로

일러두기

— 이 책에 실린 주요 개념은 《좋은 기업을 넘어 위대한 기업으로》에서 끌어온 것이다.

— 독자의 이해를 위해 저자 주는 본문 하단에 번호로 표기했고, 편집자 주는 *로 표시했다.

비영리 분야를 위한
좋은 조직을 넘어 위대한 조직으로

GOOD TO
GREAT
AND THE SOCIAL SECTORS

짐 콜린스 | 강주헌 옮김

김영사

차례

1988년 스탠퍼드 경영대학원 교수로 임용되었을 때 나는 존 가드너John W. Gardner 교수를 찾아가 어떻게 하면 더 좋은 선생이 될 수 있을지 조언을 구했다. 존 가드너 교수는 미국 보건복지부 장관을 역임하고 비영리 시민 단체 코먼코즈Common Cause의 창립자로 《자기 갱신Self-Renewal: The Individual and the Innovative Society》이라는 고전을 남겼다. 그날 가드너 교수가 던진 따끔한 충고는 내 삶을 완전히 바꿔놓았다.

"짐, 내가 보기에 자네는 관심 받는 사람이 되기 위해 많은 시간을 쓰는 것 같군. 그보다는 관심 갖는 사람이 되는 데 시간을 더 투자하지 그러나?"

얼마나 많은 독자가 이 책에 관심을 보일지는 확실히 알 수 없지만, 내가 비영리 분야에 조금씩 관심을 기울인 결과가 이 책인 것만은 분명하다. 사회 각 분야에서 활동하는 비영리 기관에 관심을 갖기 시작한 이유는 크게 두 가지다. 첫 번째 이유는 우리 팀에서 하는 조사·연구가 비영리 부문에까지 크나큰 영향을 미치고 있기 때문이다. 일반적으로 사람들은 나를 기업 경영에 관한 책을 쓰는 저자로 분류하지만, 내 책을 읽는 독자의 3분의 1 이상이 비영리 분야에서 일하는 사람들이다. 두 번째 이유는 새로운 것에 대한 호기심 때문이다. 다시 말해 비영리 분야의 리더들이 현실에서 부딪히는 문제가 무엇인지 하나씩 알아가고, 우리 팀에서 내놓은 연구 결과를 기업과는 상당히 다른 환경에 적용할 때 어떤 문제가 발생하는지를 놓고 고민하는 순수한 즐거움 때문이다.

원래는 이 짧은 글을 《좋은 기업을 넘어 위대한 기업으로 *Good To Great: Why Some Companies Make the Leap...And Others Don't*》 개정판에 덧붙일 계획이었다. 하지만 이 짤막한 글을 읽기 위해서 독자들에게 개정판을 또 사라고 하는 건 적절하지 못하다는 결론을 내렸다. 그래서 고심 끝에 이 글을 독립된 책으로 발간

하기로 했다. 이 책만 따로 읽어도 상관없지만, 어차피《좋은 기업을 넘어 위대한 기업으로》와 밀접한 관련이 있으니, 두 권을 함께 읽으면 더 큰 효과를 거둘 수 있을 것이다.

내가 비영리 분야의 전문가라고 생각하지는 않는다. 존 가드너의 눈으로 보면 나는 아직 학생에 불과하다. 그래도 이제 막 공부를 시작한 사람으로서 내 안에 비영리 분야를 더 알고 싶은 열정이 생겼고, 무엇보다 위대한 '기업'으로 도약하는 길에만 관심을 쏟는 것은 바람직하지 않다는 사실을 깨달았다. 우리에게 위대한 기업만 있다면, 풍요로운 사회를 건설할 수는 있을지 몰라도 위대한 사회를 건설하지는 못할 것이다. 경제 성장이나 경제력은 위대한 국가를 건설하는 수단일 뿐 그것만으로 위대한 국가를 건설할 수 있는 것은 아니기 때문이다.

짐 콜린스
콜로라도 볼더에서

왜 기업식 사고는

해답이 될 수

없는가?

사회 각 분야에서 활동하는 비영리 기관들이 위대한 조직으로 도약하는 첩경이 기업처럼 체질을 개선하는 것이라고 생각하는 이들이 있다. 의도는 선할지 몰라도 완전히 잘못된 생각이다. 인생의 모든 것이 다 그렇듯 대부분의 기업은 평범한 기업과 괜찮은 기업 사이에 안주하고 있는 것이 현실이다. 위대한 기업으로 도약하는 경우는 극히 드물다. 위대한 기업과 좋은 기업을 비교해보라. 그러면 일반 기업에서 적용하는 많은 규칙이 사실은 위대함이 아니라 평범함과 더 관련이 깊은 것을 알 수 있다. 현실이 그러한데도 평범하기 이를 데 없는 기업의 관례를 비영리 분야에까지 적용할 이유가 뭐란 말인가?

기업 CEO들이 모인 자리에서 이런 생각을 꺼내놓았다가 자리에 모인 거의 모든 사람의 속을 뒤집어놓은 적이 있다. 그 자리에는 회사를 크게 성공시킨 뒤에 많은 시간을 비영리 분야에 투자하고 있던 데이비드 위클리David Weekley도 있었다. 비교적 생각이 깊은 인물로 정평이 나있는 위클리가 손을 번쩍 들고 물었다.

"당신의 말을 뒷받침할 증거라도 있습니까? 나는 비영리 단체들과 직접 일을 해봤습니다. 내 경험에 따르면, 비영리 단체들은 좀 더 치밀한 계획과 훈련된 조직원, 효과적인 조직 관리, 효과적인 자원 분배를 위해 힘써야 합니다. 거의 모든 부문에서 한층 엄격한 규율이 절실하게 필요하다는 말입니다."

나는 그의 말에 이렇게 대답했다.

"방금 말씀하신 것이 기업식 사고라고 생각하는 이유가 무엇입니까? 대부분의 기업에도 한층 더 엄격한 규율이 절실히 필요합니다. 훈련이 잘된 조직원이 규율에 따라 생각하고 규율 있게 행동하는 엄격한 규율의 문화를 진정으로 위대한 기업에서는 찾아볼 수 있지만, 평범한 회사에서는 그런 문화를 찾아보기가 무척 어렵습니다. 규율의 문화는 기업의 원리가 아니라 위대한 조직의 원리입니다."

강연이 끝나고 저녁 식사를 하면서도 우리는 토론을 이어

갔다. 내가 위클리에게 물었다.

"만약 당신이 인생에서 다른 길을 걸었다면, 예컨대 교회 목사나 대학 총장이나 비영리 시민 단체 리더나 병원 최고 관리자나 중·고등학교 교장이 되었다면, 그 조직을 운영하는 데 있어 규율을 덜 중요하게 생각했겠습니까? 현명한 리더십을 덜 발휘하고, 적합한 인재를 등용하려는 노력도 덜하고, 적절한 성과를 내놓으라는 요구도 덜 했을까요?"

위클리는 한참 생각하더니 대답했다.

"아니요, 그렇지 않았을 겁니다."

그때 문득 우리에게 새로운 언어가 필요하다는 생각이 들었다. 영리 조직과 비영리 조직을 구분하는 것이 중요한 게 아니라 위대한 조직과 괜찮은 조직을 구분하는 것이 중요하다. '비즈니스 언어'를 비영리 분야에 고지식하게 적용할 것이 아니라, 기업과 비영리 기관에 두루 적용되는 '위대한 조직'의 언어를 만들어내야 했다.

대응 짝 조사 방법

좋기는 하지만
위대하지는 않은
조직

변곡점 ▶

둘의 차이를 설명하는 원리는
무엇일까?

좋은 조직에서 도약하여 위대한 조직으로
도약한 사례

좋기는 하지만
위대하지는 않은
조직

대응 짝 선별
(변곡 순간을 비교할 만한 사례)   ◀

비교 사례

결국 우리 팀이 해결해야 할 과제는 위대한 조직의 기본 틀을 설정하고, 어떤 조직은 위대한 조직으로 성장하는 반면에 어떤 조직은 그렇지 못한 이유를 밝히는, 항구적인 원리를 명확히 정리하는 것이었다. 우리는 위대한 조직으로 도약한 조직과 그렇지 못한 조직을 비교하는 엄격한 대응 짝 조사 방법을 통해 이 원리를 끌어냈다. 엄밀히 말해서 이제까지 우리 팀이 진행해온 연구는 기업에 관한 것이 아니다. 영리를 추구하느냐 아니냐를 떠나 위대한 조직과 괜찮은 조직을 구분하는 기준에 관한 것이다.

비영리 기관 리더들의 공통 질문

사회 각 분야에서 활동하는 비영리 단체 리더들은 이런 차이, 즉 '위대한 조직의 원리'가 사업계에서 일반적으로 통용되는 관례와는 확실히 다르다는 사실을 비교적 쉽게 받아들였다. 비영리 기관에서 일하는 사람들도 기업에서 일하는 사람들 못지않게 나에게 많은 이메일을 보냈다. 《좋은 기업을 넘어 위대한 기업으로》를 읽은 독자의 30-50퍼센트가 비영리 조직에서 일하는 사람들이다. 우리 팀은 교육계와 의료계, 교회, 예술계, 사회 복지 단체, 특정 목적을 위해 세운 시민 단체, 경찰, 정부 기관, 심지어 군부대로부터 수많은 전화와 편지, 이메일을 받았다. 강연 요청도 끊이지 않았다.

이를 통해 우리가 내린 결론은 두 가지다.

첫째, 좋은 조직이 위대한 조직으로 도약하는 원리가 비영리 분야에도 분명히 적용된다는 사실이다. 우리 팀의 예상을 뛰어넘어 훨씬 폭넓게 적용되고 있었다. 둘째, 사회 각 부문의 비영리 기관에서 활동하는 사람들이 영리를 추구하는 기업과는 사뭇 다른 현실에 부딪힐 때마다 늘 하는 질문이 있다는 점이다. 나는 그 질문을 다섯 가지 쟁점으로 분류했다.

이 책에서는 바로 이 다섯 가지 쟁점을 하나씩 간략히 살펴보려 한다.

1. '위대함'에 대한 정의
    – 기업의 기준과는 다른 성공의 기준 세우기

2. 레벨 5의 리더십
    – 분산된 권력 구조 안에서 목표 이루기

3. 사람이 먼저
    – 비영리 분야의 한계 안에서 적합한 인재 등용하기

4. 고슴도치 콘셉트
    – 조직의 경제 엔진 재고하기

5. 플라이휠 돌리기
    – 브랜드 구축으로 추진력 얻기

나는 비판적인 피드백과 구조화면접(질문 내용과 방법을 미리 정해놓고 진행시키는 면접 방법), 100여 명의 비영리 분야 리더들과의 인터뷰를 거쳐 이 글을 썼다. 비영리 기관을 대상으로 대응 짝 조사를 진행하고 그 결과를 확인한 뒤에 글을 써야 마땅하겠지만, 이런 조사를 철저하게 완수하려면 십수 년은 기다려야 할 것이다. 하지만 그 사이에 좋은 조직에서 위대한 조직으로 도약하는 원리를 당장이라도 자기가 몸담고 있는 비영리 기관에 적용하고 싶어 하는 사람들이 있고, 나는 그들의 물음에 답해야 할 책임을 느낀다. 이런 이유로 과도기적인 단계에서 조심스럽게 이 글을 발표하기로 했다.

쟁점 1.

'위대함'에 대한 정의

기업의 기준과는 다른 성공의 기준 세우기

1995년에 뉴욕 경찰청 소속 경찰관들은 경찰청 게시판에서 메모를 하나 발견했다. 익명의 메모에는 이렇게 쓰여 있었다. "우리는 조서 작성자가 아니다. 우리는 경찰이다!"[1]

새로 취임한 윌리엄 브래턴William J. Bratton 청장은 뉴욕 경찰청의 중점 사항을 투입에서 산출로 바꾸었고, 익명의 메모는 조직의 정신이 어떻게 바뀌었는지를 고스란히 증명했다. 윌리엄 브래턴이 경찰청장으로 취임하기 전까지 뉴욕 경찰청은 범죄 감소라는 산출 변수보다 용의자 체포, 조서 작성, 사건 종결, 예산 맞추기 등 주로 투입 변수를 기준으로 조직의 성과를 평가했다. 그런 가운데 신임 경찰청장 윌리엄 브래턴이

---

1   William Andrews and William J. Bratton, "What We've Learned About Policing", *City Journal*, Spring 1999.

중범죄 발생률을 매년 10퍼센트 이상 낮추겠다는 야심찬 산출 목표를 세웠다. 그리고 목표 달성을 촉진하기 위해 컴스탯 Compstat이라는 범죄 분석 예측 시스템을 도입했다.

1996년에 《타임Times》지는 지휘 본부 앞에 서서 땀을 뻘뻘 흘리는 한 경찰서장의 모습을 보도했다. 경찰서장 뒤편에는 강도 사건 발생지를 붉은 점으로 표시한 지도가 걸려 있었다. 관할 구역에서 최근 강도 사건이 급증했다는 사실을 한눈에 보여주는 지도였다. 질의응답 시간은 마치 〈하버드 대학의 공부벌레들〉이라는 TV 드라마에 나오는 킹스필드 교수의 강의 시간을 연상시켰다.

"사건들 사이에 일정한 패턴이 있습니까?"

"강도 사건을 뿌리 뽑기 위해 어떤 조치를 취할 생각입니까?"

이런 유형의 질문이 쉴 새 없이 쏟아졌다.[2] 《CIO 인사이트 CIO Insight》지가 보도한 바에 따르면, 경찰서장의 75퍼센트가

---

2   Eric Pooley, "One Good Apple", *Time*, January 15, 1996.

관할 구역에서 범죄율을 낮추지 못했다는 이유로 해임되었다.

윌리엄 브래턴 청장은 이렇게 설명했다.

"범죄 분석 예측 시스템을 활용해 몇 주 동안 회의한 끝에, 성과가 기준에 미치지 못한 관할서가 나오면 관할서장을 다른 사람으로 바꿀 수밖에 없다는 결론을 내렸습니다."[3]

투입과 산출에 대한 구분은 기본 중의 기본이지만, 제대로 이해하지 못하고 놓치는 경우가 비일비재하다. 얼마 전, 한 경제 전문 잡지에서 관리비, 경상비, 기금모금비가 예산에서 차지하는 비율을 기준으로 자선 단체를 평가한 기사를 보았다. 물론 좋은 의도로 한 조사였을 테지만, 투입과 산출을 심각하게 혼동한 평가였다.

이렇게 한번 생각해보자.

만약 총지출에서 코치의 연봉이 차지하는 비율을 기준으로 각 대학의 체육부를 평가하면 어떻게 될까?

---

3 Donna Tapellini, "Catalyst: William Bratton on Fighting Crime", *CIO Insight*, June 1, 2001.

아마도 스탠퍼드 대학교 코치 연봉이 1부 리그에 속한 다른 대학들보다 높게 나올 것이다. 그렇다고 이 결과를 토대로 스탠퍼드 대학교 체육부가 다른 대학교 체육부에 비해 '덜 위대하다'고 평가할 수 있을까?

앞서 언급한 경제 잡지가 내세운 논리를 따르자면, 그런 결론을 내릴 수밖에 없다. 하지만 납득할 수 있는 결론이 아니다. 스탠퍼드 대학교는 체육 특기생의 졸업률이 80퍼센트가 넘는다. 이는 유수의 다른 대학들과 비교해도 월등히 높은 수치다. 스탠퍼드 대학교 체육부는 지난 10년간 줄곧 우수한 성적을 내었고, 그 덕분에 전미대학체육감독협회에서 체육인상을 수상하기도 했다.[4]

따라서 "총지출에서 코치의 연봉이 차지하는 비율이 다른 대학에 비해 높기 때문에 스탠퍼드 대학 체육부가 다른 대학 체육부보다 덜 위대하다"라고 말한다면, 체육 및 학문 성취도

---

4 미 교육부에서 발표한 자료를 참고했다. 해당 웹사이트의 공식 명칭은 다음과 같다. The OPE Equity in Athletics Disclosure Website; http://ope.ed.gov/athletics

라는 실질적인 산출을 기준으로 볼 때 스탠퍼드 대학교 체육부가 탁월한 성과를 냈다는 핵심을 놓치는 셈이다.

투입과 산출에 대한 혼동은 영리 조직과 비영리 조직의 근본적인 차이에서 생긴다. 영리 조직에서 돈은 투입(위대해지는 데 필요한 자원)인 동시에 산출(위대한 조직의 평가 기준)이다. 반면에 비영리 조직에서 돈은 투입에 불과할 뿐 위대한 조직을 평가하는 기준이 되지 못한다.

위대한 조직은 탁월한 성과를 내고 장기간에 걸쳐 독특한 영향력을 끼치는 조직이다. 기업의 경우에는 재무상의 수익률이 성과를 평가하는 합리적인 기준이다. 하지만 사회 각 분야에서 활동하는 비영리 기관에서는 수익률이 아니라 사명을 기준으로 성과를 평가해야 한다. 비영리 기관에서 중요한 질문은 "투자한 자본으로 얼마나 많은 돈을 벌 수 있는가?"가 아니다. "우리가 투자한 자원으로 우리 조직의 사명을 얼마나 효과적으로 수행하고, 얼마만큼 독특한 영향력을 발휘할 수 있는가?" 하는 것이다.

이쯤에서 자연스럽게 이런 의문이 들 것이다.

"맞는 말이다. 하지만 대학교 체육부와 경찰청의 경우에는 다른 비영리 기관보다 큰 이점이 하나 있다. 우승 기록과 범죄율로 조직의 성과를 평가할 수 있다는 점이다. 그러나 산출을 정확히 측정할 수 없는 비영리 기관의 경우에는 평가를 어떻게 해야 하는가?"

기본 방향은 같다.

투입과 산출을 구분하고, 산출을 객관적으로 평가할 수 없더라도 산출 결과에 책임지는 태도가 필요하다.

토머스 모리스Thomas W. Morris는 1987년에 클리블랜드 관현악단 총감독이 되었다. 당시 클리블랜드 관현악단은 예산의 10퍼센트가 넘는 재정 적자에 시달리고 있었다. 기부금은 쥐꼬리만 했고 늘어날 기미도 보이지 않았다. 지역 경제도 불황에 허덕이고 있었다. 토머스 모리스는 총감독을 맡기 전에, 이사회 임원 두 명에게 물었다.

"제가 이곳 클리블랜드 관현악단에서 무엇을 해주기를 바라십니까?"

두 사람은 예술적으로 이미 위대한 경지에 오른 관현악단을 지금보다 더 위대한 경지로 끌어올려달라고 했다.

토머스 모리스에게 예술성을 정확히 평가할 능력은 없었다. 그렇다고 '클리블랜드 관현악단을 평가하는 핵심 기준은 예술성이어야 한다'는 사실이 바뀌지는 않았다. 클리블랜드 관현악단이 도전 정신을 불러일으킬 만큼 까다로운 클래식 음악을 높은 예술성으로 탁월하게 연주하고, 해마다 연주 실력이 일취월장하여 세계 3대 관현악단으로 우뚝 서겠다는 야심찬 목표를 달성하려면 엄격한 규율이 반드시 필요하다는 사실 역시 바뀌지 않았다.

토머스 모리스는 당시 상황을 이렇게 설명했다.

"우리는 스스로에게 물었습니다. 우리에게 위대한 결과란 무엇을 의미하는가? 아주 단순한 질문이죠."

토머스 모리스는 팀원들과 함께 다양한 지표를 추적했다.

- 기립 박수가 더 많이 터져 나오고 있는가?
- 순수 클래식 음악부터 복잡한 현대 음악까지, 완벽한 연주가 가능한 레퍼토리가 늘어나고 있는가?
- 유럽에서 가장 권위 있는 음악 축제에 초청받고 있는가?
- 클리블랜드 시에서 연주할 때는 물론이고 뉴욕에서 연주할 때도 공연 티켓이 잘 팔리는가?
- 다른 관현악단이 클리블랜드의 공연 프로그램을 따라하는 사례가 늘어나고 있는가?
- 클리블랜드 관현악단을 통해 본인의 작품을 초연하고 싶어 하는 작곡가가 늘어나고 있는가?

토머스 모리스가 총감독으로 있는 동안 클리블랜드 관현악단은 기부금이 세 배 이상 늘어나 1억 2,000만 달러에 달했다. IT 관련 기업의 주가가 폭락한 이른바 '닷컴 붕괴' 이후에도 기부금은 줄지 않았다. 덕분에 전용 공연장인 세버런스홀 Severance Hall을 세계 어디에 내놓아도 손색이 없는 음악당으로 개조하는 데 필요한 자금까지 적립했다.

클리블랜드 관현악단의 위대함

탁월한 성과	- 청중이 격정적으로 반응했다. 기립 박수 횟수가 증가했다. - 폭넓은 레퍼토리. 감상적이고 친숙한 클래식 음악부터 까다롭고 익숙하지 않은 현대 음악까지 아무리 어려운 작품이라도 탁월하게 연주할 수 있다. - 티켓 판매량 증가. 클리블랜드에서 공연할 때는 물론이고 뉴욕과 유럽 지역에서 초청 공연을 할 때도, 거기다 상대적으로 복잡하고 창의적인 작품으로 프로그램을 구성했을 때도 티켓 판매량이 증가했다. - 25년 만에 처음으로 잘츠부르크 페스티벌에 초청받았고, 그 이후에도 계속 초청받고 있다. 이는 유럽 최고의 관현악단들과 어깨를 나란히 하는 수준에 이르렀다는 뜻이다.
독특한 영향력	- 다른 관현악단에서 클리블랜드의 프로그램을 따라하는 사례가 늘어나는 등 영향력이 커졌다. - 시민들이 자부심을 느낀다. 택시 기사들이 "우리 도시에는 자랑스러운 관현악단이 있습니다!"라고 말한다. - 9.11 사태 이후 세버런스홀은 지역 사회가 함께 애도하는 공간으로 활용되었다. 추모 공연을 하는 이틀 동안 만석을 이루었고, 위대한 음악이 지닌 힘을 많은 사람이 공감했다. - 여러 기업과 모임에서 관현악단의 리더들에게 리더십 강연을 요청하고 있다.
지속성	- 조지 셀(George Szell)부터 시작해서 피에르 불레즈(Pierre Boulez), 크리스토프 폰 도흐나니(Christoph von Dohnanyi)를 거쳐 지금의 프란츠 벨저 뫼스트(Franz Welser Most)에 이르기까지 지휘자가 바뀌어도 뛰어난 예술성은 그대로 지켜왔다. - 관현악단이 장기적으로 성공할 수 있도록 후원자들이 시간과 돈을 투자하고 있다. 기부금이 세 배로 증가했다. - 토머스 모리스의 임기 동안은 물론이고 그 전과 후에도 강한 조직을 유지해왔다.

토머스 모리스는 기부금이나 수익·비용 구조는 관현악단이 위대해지는 데 필요한 투입 변수이지, 관현악단의 위대함을 평가하는 산출 변수가 아니라는 사실을 잘 알았다. 그리고 바로 그 덕분에 이런 높은 성과를 거둘 수 있었다.[5]

클리블랜드 관현악단의 토머스 모리스와 뉴욕 경찰청의 윌리엄 브래턴이 업무에 도입한 것은 바로 엄격한 사고방식이다. 그들은 투입과 산출을 정확히 구분했고, 산출에서 성과를 내기 위해 조직이 책임감 있게 따라야 할 규율을 정했다. 윌리엄 브래턴에게는 성과를 계량적으로 평가할 수 있는 근거가 있었지만, 토머스 모리스에게는 없었다. 하지만 그 사실은 그다지 중요하지 않았다.

결과를 계량화할 수 있느냐 없느냐는 전혀 중요하지 않다. 양에 관한 증거든 질에 관한 증거든,

---

5 토머스 모리스와의 인터뷰.

증거를 엄밀하게 수집해서 진척 상황을 추적하는 것이 중요하다. 증거가 주로 질에 관한 것이라면, 이런저런 증거를 모으고 결합하는 법정 변호사처럼 사고하라. 증거가 주로 양에 관한 것이라면, 자료를 수집하고 평가하는 실험실 과학자처럼 사고하라.

"비영리 조직은 영리 조직과 달리 성과를 평가할 수 없다!"라고 말하며 지레 포기하는 태도는 조직에 규율이 잡혀 있지 않다는 방증일 뿐이다. 질적 지표든 양적 지표든 모든 지표에는 결함이 있게 마련이다. 시험 점수에도 결함이 있고, 유방암 검진에 사용하는 엑스레이 촬영에도 결함이 있다. 범죄 관련 자료에도 결함이 있고, 고객 서비스 관련 자료에도 결함이 있고, 환자 진료 자료에도 결함이 있다. 중요한 것은 완벽한 지표를 찾아내는 것이 아니다. 산출된 결과를 평가하는 '일관되고 합리적인 방법'을 정한 다음 진척 상황을 엄밀하게 추적하는 것이 중요하다.

'좋은 조직에서 위대한 조직으로' 도약 원리
– 위대함의 투입과 산출

위대함 투입 위대한 조직으로 도약하는 원리 적용	} 위대함의 기초 세우기	위대함 산출 위대한 조직으로 도약

1단계
규율 있는 사람들
– 레벨 5의 리더십
– 사람이 먼저, 그다음에 일

2단계
규율 있는 사고
– 냉혹한 사실을 직시하라
– 고슴도치 콘셉트

3단계
규율 있는 행동
– 규율의 문화
– 플라이휠 돌리기

4단계
지속적인 위대성 구축
– 시간을 알려주는 대신
  시계를 만들어주라
– 핵심 가치를 지키되 발전
  을 촉진하라

탁월한 성과 내기
영리 조직에서는 재무상의 수익률과 목표 달성이 성과를 결정하지만, 비영리 조직에서는 사회적 사명을 얼마나 효율적으로 수행했고 어떤 결과를 냈는지가 성과를 결정한다.

독특한 영향력 발휘하기
당신이 속한 단체가 사라지면 이 땅의 다른 어떤 기관도 쉽게 메울 수 없는 구멍이 생길 정도로, 지역 사회에 독특한 방법으로 기여하고 주어진 사명을 탁월하게 수행하라.

위대함 지속시키기
한 사람의 뛰어난 지도자, 멋진 아이디어, 기금을 충분히 확보한 프로젝트에 만족하지 말고 장기적으로 비범한 성과를 내는 조직을 만들어야 한다. 잠시 후퇴하더라도 전보다 훨씬 강한 조직으로 도약할 수 있어야 한다.

- 여러분에게 위대한 성과란 무엇을 의미하는가?

- 기준은 정했는가?

- 성과가 꾸준히 향상되고 있는가?

- 그렇지 않다면, 이유는 무엇인가?

- 야심찬 목표를 이루기 위해 개선 속도를 높이려면 어떻게 해야겠는가?

좋은 조직에서 위대한 조직으로 도약하는 전체 원리는 '위대함'을 산출하는 것과 연관성이 아주 깊은 투입 변수를 총칭한다고 볼 수 있다. 앞의 도표는 '위대함의 원리'를 엄격하게 적용하면, 어떻게 위대한 조직에서 공통으로 찾아볼 수 있는 산출이 나오는지가 한눈에 들어오게 요약한 것이다.

좋은 조직에서 위대한 조직으로 도약하려면, 어떠한 경우든 이런 투입 변수들을 끈질기게 고수하고, 산출 변수들의 궤적을 철저하게 추적한 다음, 성과와 영향력을 훨씬 더 높은 수준으로 끌어올리기 위해 치열하게 노력해야 한다. 얼마나 많은 것을 성취했든, 여러분이 성취할 수 있는 것들에 비하면 지금은 그저 괜찮은 성과를 낸 것에 불과하다. 위대함은 본질상 종착지가 아니라 역동적인 과정을 일컫는다. 어떤 조직이든 자기 조직이 위대하다고 생각하는 순간, 지극히 평범한 조직으로 미끄러지고 만다. 위대함에 도달했다고 생각하는 순간 추락은 이미 시작된 것이나 다름없다.

쟁점 2.

레벨 5의 리더십

분산된 권력 구조 안에서 목표 달성하기

프랜시스 헤셀베인Frances Hesselbein이 미국 걸스카우트연맹 최고 관리자가 되자 〈뉴욕 타임스〉의 칼럼니스트가 물었다.

"그렇게 큰 조직의 정상에 오르면 기분이 어떤가요?"

프랜시스 헤셀베인은 중요한 교훈을 전달하기 위해 잠시 숨을 고르는 교사처럼 끈기 있게 점심 식탁을 정리하기 시작했다. 접시, 컵받침을 중앙에 놓고 나이프와 포크, 숟가락을 동그랗게 이어서 놓있다. 동심원이 밖으로 뻗이기는 모양이었다. 헤셀베인은 식탁 중앙에 놓인 물 컵을 가리키며 이렇게 말했다.

"저는 여기에 있는 겁니다."

전하려는 메시지는 분명했다.

"저는 누구 위에도 군림하지 않습니다."[6]

프랜시스 헤셀베인은 이른바 '최고 관리자'라는 직함을 가지고 있었지만, 군림하는 위치가 아니었다.

걸스카우트연맹은 각 지역마다 자체 이사회가 있는 수백 개의 지역 걸스카우트 단체와 자발적으로 참여한 65만 명의 단원으로 구성된 조직으로 지배 구조가 복잡하다. 따라서 최고 관리자라도 모든 사안을 독단적으로 결정할 권한은 없다.

이를 잘 아는 프랜시스 헤셀베인은 민감한 쟁점에 관한 자료를 면밀하게 작성했다. 그리하여 단원들로 하여금 십 대 임신과 알코올 남용 등 이 시대 미국인 소녀들에게 닥친 냉혹한 현실을 직시하게 했다. 또한 수학, 공학, 컴퓨터과학 등의 분야에도 공훈 배지 제도를 신설했다. 걸스카우트 단원들에게 '나는 나의 인생을 스스로 설계하고 관리할 수 있다'라는 생각을 심어주기 위해서였다. 그러나 헤셀베인은 이런 변화를

---

6 Sally Helgesen, "The Pyramid and the Web", *New York Times*, May 27, 1990, F13.

무조건 받아들이라고 단원들에게 강요하지 않았다. 각 지역 단체가 재량에 따라 변화를 도모할 기회를 제공했을 뿐이다. 그런데도 대부분의 지역 단체가 변화를 받아들였다.[7]

막강한 집행 권한(힘)도 없이 어떻게 그런 성과를 이루어낼 수 있었느냐고 묻자 프랜시스 헤셀베인은 이렇게 대답했다.

"힘을 어디에서 찾아야 하는지 알면, 누구나 힘을 가질 수 있습니다. 힘에는 여러 종류가 있지요. 포용하는 힘, 말의 힘, 공통 관심사가 가진 힘, 연합의 힘. 힘이야 우리 주변 어디에서나 끌어올 수 있습니다. 감추어져 있어서 눈에 잘 띄지 않을 뿐입니다."

유명인으로 구성된 비영리 단체 이사회든, 투표로 선출된 교육위원회든, 정부 감시 기구든, 신탁 관리자 모임이든, 민주적인 종교 모임이든, 협회 임원 모임이든, '협치協治'가 이루어지는 모든 모임의 리더들은 권력이 분산된 복잡한 조직 구

---

7 프랜시스 헤셀베인의 책 *Hesselbein on Leadership* (San Francisco, Jossey-Bass Publishers, 2002)에 추천사를 쓰기 위해 가졌던 인터뷰.

조를 인정하고 받아들여야 한다. 종신 교수, 공무원, 자원봉사자, 경찰 노조, 그 밖의 여러 내부 요인까지 더하면, 대부분의 비영리 기관 리더들은 기업의 최고 경영자와 달리 독단적인 결정 권한을 가지고 있지 않다.

기업의 리더들과 견주어 비영리 기관 리더들에게 결단력이 부족한 것은 절대 아니다. 비영리 기관에서 흔히 볼 수 있는 복잡한 관리 방식과 권력이 분산된 조직 구조를 제대로 이해하지 못하는 사람들의 눈에만 그렇게 보일 뿐이다. 프랜시스 헤셀베인에게는 유수 기업의 최고 경영자 못지않은 결단력이 있었다. 하지만 그의 앞에는 기업 최고 경영자처럼 자신의 지도력을 발휘할 수 없는 비영리 기관의 권력 구조와 관리 방식이 버티고 있었다.

기업 경영자 출신이 비영리 조직으로 자리를 옮겼다가 번

번이 실패하는 이유도 여기에서 찾을 수 있다.

한 기업의 최고 경영자가 대학 총장으로 취임했다. 그는 기업 최고 경영자 출신답게 자신의 비전에 맞추어 교수진을 이끌고자 했다. 그러나 그가 경영 기법을 강요할수록, 교수들은 회의에 자주 불참했다. 총장이 주재하는 회의에 참석하는 것보다 더 중요한 일을 해야 한다는 이유로 회의 불참을 통보하는 사례가 늘었다.

자, 이제 그는 어떻게 해야 할까?

교수들을 해고하면 될까?

안타깝게도 그들은 모두 종신 교수였다.

결국 그는 "인생에서 가장 힘든 시간을 보낸 후"에 기업으로 복귀했다. 한 대학 총장의 말대로 '노No!'라는 말을 입에 달고 사는 사람들이 종신 교수라는 것을 그는 몰랐던 것이다.

비영리 기관에서 공통으로 나타나는 복잡한 관리 구조와 권력이 분산된 조직 구조를 근거로, 나는 리더십에 두 가지 유형이 있다는 가설을 세웠다.

하나는 경영 리더십이고, 또 하나는 입법 리더십이다.

경영 리더십의 경우에는 바른 결정을 내리는 데 필요한 권한이 리더 개인에게 집중되어 있다. 이와 달리 입법 리더십의 경우에는, 명목상 최고 관리자라 할지라도, 누구도 매우 중대한 사안을 혼자 결정할 수 있는 구조적인 권력을 가지고 있지 않다. 입법 리더십은 올바른 결정을 내릴 수 있는 환경을 조성하기 위해서 설득과 정치 상황, 공통의 관심사에 더 많이 의존한다. 사회 각 분야에서 활동하는 비영리 기관에서 '레벨 5의 리더십'이 특히 중요한 이유는 바로 이런 입법 리더십의 역학관계 때문이다.

좋은 조직에서 위대한 조직으로 도약한 기업들을 연구한 우리 팀의 조사에 따르면, 리더십 역량은 총 다섯 개 레벨의 계층 구조로 이루어진다. 물론 '레벨 5'가 가장 높은 곳에 위치한다. 다섯 번째 레벨에 속한 리더들은 자기 자신이 아니라 조직의 대의와 사명을 이루려는 의욕이 그 무엇보다 강하고, 그 포부를 이루기 위해서라면 무슨 일이든, 정말로 무슨 일이든 하려는 의지를 가지고 있다는 점에서 네 번째 레벨에 속한 리더들과 구분된다. (5단계 리더십 계층 구조를 참조하라.)

5단계 리더십
계층 구조

레벨 5

레벨 5의 리더
겸손한 성품과
직업에 대한 의지를
잘 융합하여 지속적으로
큰 성과를 이루어낸다.

레벨 4

유능한 리더
지향할 수 없는 분명한 비전에 대한 책임의식을
촉구하고, 그 비전을 열정적으로 추구하게 함으로써
더 높은 성과를 이루도록 지극한다.

레벨 3

역량 있는 관리자
정해진 목표를 효율적으로 추진할 수 있는 방향으로
인적 자원과 물적 자원을 조직한다.

레벨 2

헌신하는 팀원
조직의 목표 달성을 위해 자신의 능력을 투자하고,
주어진 상황에서 다른 조직원들과 효율적으로 일한다.

레벨 1

역량이 뛰어난 개인
재능과 지식, 기량과 훌륭한 업무 습관으로 조직에 생산적으로 기여한다.

사회 각 분야에서 활동하는 비영리 기구에서는 겸손을 겸비한 개인의 성품과 자신의 직업에 대한 의지를 잘 융합한 레벨 5의 리더들이야말로 조직이 정당성을 확보하고 영향력을 행사하는 데 꼭 필요한 핵심 요소다. 여러분에게 직접 지휘를 받지 않는 사람들이 여러분이 주축이 되어 내리는 결정을 지지한다면, 그 이유가 대체 무엇이겠는가?

비영리 기관에서 일하는 한 리더가 자신의 생각을 이렇게 털어놓았다.

"내가 배운 바에 따르면, 레벨 5의 리더십은 나더러 더 큰 선을 위해서 영리해지라고 말합니다. 반드시 올바른 결정이 이뤄지게 하는 것, 그것은 결국 내 책임입니다. 설사 그런 결정을 내리는 데 필요한 독점적인 권한이 내게 없다 하더라도 마찬가지입니다. 올바른 결정이 조직원의 투표를 통과하지 못한다면, 그것 역시 제 책임입니다. 목적을 이룰 수 있는 유일한 방법은 내가 나 개인이 아니라 우리 조직을 최우선으로 생각하고, 조직의 활동을 통해 위대한 성과를 내기 위해 항상 노력하고 있다는 사실을 조직원들이 알아주는 것뿐입니다."

레벨 5의 리더십은 온화하거나 친절하거나 포용력이 있거나 합의를 이끌어내는 데 능한 사람이 되는 것을 의미하지 않는다. 레벨 5 리더십의 핵심은 아무리 어렵고 고통스러워도 조직이 장기적으로 위대한 조직으로 도약하고, 여론이나 인기에 구애받지 않고 조직의 사명을 이루기 위해서 반드시 '올바른' 결정을 내리게 하는 데 있다.

경영 리더십과 입법 리더십에 대한 구분은 아직 가설에 불과하고, 앞으로 철저한 연구가 더 필요하다. 경험에서 나온 증거들을 토대로 이렇게 구분하기는 했지만, '기업＝경영 리더십', '비영리 기관＝입법 리더십'이라고 간단하게 등식화할 수는 없다. 그보다는 리더십의 스펙트럼이 있다고 생각하면 좋겠다. 아마도 경영 리더십과 입법 리더십을 융합하는 역량을 보여주는 리더가 누구보다 유능한 리더일 것이다. 또한 비영리 기관이 활동하는 사회 분야에서나 기업이 활동하는 상업 분야에서나 미래를 이끌어갈 탁월한 리더들은 경영 리더십과 입법 리더십 가운데 하나만을 고집하지 않고, 경영 리더십을 발휘할 때와 입법 리더십을 발휘할 때를 적절히 구분할 줄 알아야 할 것이다.

그런데 여기에 아이러니가 있다. 사회 분야에서 활동하는 비영리 기관들이 갈수록 기업의 리더십 모델과 기법을 도입하려는 경향을 보인다. 그러나 내 생각에 앞으로는 상업 분야보다 비영리 기관이 속해 있는 사회 분야에서 진정한 의미의 리더십을 더 많이 찾아보게 될 것 같다. 무슨 근거로 이런 말을 하느냐고? 평생을 리더십 연구에 바친 정치학자 제임스 맥그리거 번스James MacGregor Burns가 1978년에 발표한《리더십 강의Leadership》에서 가르친 대로, 리더십을 발휘하는 것과 권력을 휘두르는 것은 다르기 때문이다.[8]

만약 내 손에 총알을 장전한 총이 있고 그 총을 여러분 머

---

8 James MacGregor Burns, *Leadership*, (New York, Harper & Row, 1978), pp. 9–28.

리에 겨눈다면, 그리고 이런저런 일을 하라고 여러분을 협박한다면 어떨까? 여러분은 이런 상황이 아니면 절대 하지 않았을 일을 나 때문에 할 수도 있을 것이다. 그렇다면, 이것을 두고 내가 리더십을 발휘한 것이라 말할 수 있을까? 절대 그렇지 않다. 나는 그저 힘을 휘두른 것에 불과하다. 따르지 않을 자유가 있는데도 사람들이 자발적으로 따르는 경우에만, 진정한 리더십을 말할 수 있는 법이다. 다른 선택의 여지가 없어서 따른다면, 여러분은 결코 사람들을 이끌고 있는 것이 아니다.

오늘날 기업의 리더들은 대단히 유동적인 '지식 노동자'들을 상대해야 한다. 기업 회계의 투명성 제고를 위해 2002년부터 시행된 사베인스-옥슬리법Sarbanes-Oxley Act을 준수해야 하고, 환경 단체와 소비자 단체, 거기다 행동에 나서는 주주들도 상대해야 한다. 요컨대, 요즘 기업 경영자들에게는 예전만큼 강력하고 순수한 집행 권한이 없다. 따라서 앞으로 기업을 경영할 차세대 리더들에게는 입법 리더십과 결합된 레벨 5의 리더십이 훨씬 더 중요해질 것이고, 그런 점에서 사회 분야에서 일하는 비영리 기관 리더들에게 잘 배워야 할 것이다. 앞으로는 기업 출신이 시민 단체나 공공 기관의 위대한 리더가 되는 것이 아니라, 사회 각 분야의 비영리 기관에서 일하던 사람이 기업의 위대한 리더가 될 가능성이 더 크다.

쟁점 3.

사람이 먼저

비영리 분야의 한계 안에서 적합한 인재 등용하기

1976년에 스물다섯 살이었던 로저 브리그스Roger Briggs는 콜로라도 주 볼더 교외에 있는 공립 고등학교에서 물리학을 가르치기 시작했다. 학생들을 가르치는 일에 어느 정도 익숙해지자, 한 가지 생각이 머릿속을 떠나지 않았다. 마치 신발 안에 작은 돌멩이를 하나 넣고 걷는 기분이었다.

'우리 학교도 지금보다 더 좋은 학교가 될 수 있을 거야.'

그러나 그가 무엇을 할 수 있었겠는가?

그는 교장이 아니었다.

교육감도 아니었다.

주지사는 더더욱 아니었다.

로저 브리그스는 그저 동료들과 어깨를 나란히 하며, 교육의 최전선에 계속 남고 싶은 평교사에 불과했다.

과학과 총책임자가 된 뒤 로저 브리그스는 자신이 서 있는 작은 무대부터 위대한 조직으로 바꿔나가기로 마음먹었다.

"좋은 학교의 좋은 교사가 되는 것으로 충분하니 그저 '노동자 계급'의 일원으로 남겠다는 생각을 저는 단호히 거부했습니다. 시스템 전체를 바꿀 수는 없었지만, 과학 교사 14명으로 이루어진 우리 과학과만큼은 변화시킬 수 있었습니다."

로저 브리그스는 좋은 기업을 위대한 기업으로 도약시킨 모든 리더들이 첫 발을 뗀 바로 그 지점에서부터 시작했다.

먼저, 적합한 사람을 버스에 태운 것이다.

교사 월급은 터무니없이 적고 인센티브도 부족하다. 이런 열악한 환경을 감안해서, 브리그스는 하기로 마음먹은 일이면 그게 무엇이든 최선의 결과를 뽑아내지 않고는 못 배길 만큼 투지가 강한 사람들을 버스에 태웠다. 대가를 바라는 마음 때문이 아니라 자기가 몸담고 있는 곳을 더 낮게 만들지 않고는 견디지 못하는 강박적인 성격 때문에 움직이는 사람들로 과학 교사 자리를 채워나갔다.

그러나 교원 노조는 그저 그런 교사나 뛰어난 교사를 구분하지 않고 똑같이 보호한다. 이 때문에 부적합한 사람을 버스에서 내리게 하는 일이 결코 쉽지 않다는 사실을 브리그스는 잘 알고 있었다. 그래서 브리그스는 부적합한 사람을 버스에서 내리게 하는 데 집중하는 대신, 적합한 사람들을 버스에 태우는 데 집중했다. 교사로 채용되고 처음 3년을 '연장된 면접 기간'으로 간주했다. 그리고 "터무니없는 일만 벌이지 않으면, 당신은 종신 재직권을 얻게 될 것이다"라는 종신 재직 심사 기준을 다음과 같이 바꿨다. "뛰어난 교사라는 사실을 스스로 증명하지 못하면, 당신은 종신 재직권을 얻지 못할 것이다."

그만 하면 괜찮다 싶은 교사가 종신 재직 심사를 받을 때 터닝 포인트는 찾아왔다.

브리그스는 이렇게 설명했다.

"그는 좋은 교사였습니다. 하지만 위대하지는 않았죠. 우리 과학과의 미래를 생각할 때, 그저 '좋은' 수준의 교사를 받아들일 수는 없다는 것이 제 입장입니다."

브리그스는 그 교사에게 종신 재직권을 주어서는 안 된다고 주장했고, 기존 관습을 거스르는 본인의 입장을 단호하게 고수했다. 얼마 지나지 않아 아주 뛰어난 젊은 교사가 과학과에 지원했고, 과학과는 그 교사를 채용했다.

브리그스는 이렇게 설명했다.

"전에 그 교사에게 종신 재직권을 주었다면, 지금 그 자리에 괜찮은 교사가 앉아 있겠죠. 우리는 그렇게 하지 않았고, 그 덕분에 지금 우리에게는 아주 뛰어난 교사가 있습니다."

규율의 문화를 엄격하게 적용하면, 부적합한 교사들은 자신이 항체들에 가로막혀 옴짝달싹 못하는 바이러스라는 사실을 깨닫는다. 그러면 일부는 제 발로 조직을 떠난다. 계속해서 이런 엄격한 기준에 따라 교사를 채용하고 종신 재임 교사를 결정하자, 과학과라는 작은 버스가 변하기 시작했다. 그리고 마침내 규율의 문화가 학교 전체에 연쇄반응을 일으키는 임계점에 이르렀다.[9]

로저 브리그스의 이야기에서 우리가 주목할 점은 크게 세 가지다.

---

9 로저 브리그스와의 인터뷰.

첫째, 조직 안에서 한 부서를 맡고 있을 뿐이고 집행권이 없더라도 자신이 몸담고 있는 부서를 위대한 부서로 도약시킬 수 있다는 점이다. 이것이야말로 우리가 로저 브리그스의 사례에서 얻을 수 있는 가장 중요한 교훈이다. 로저 브리그스는 공립학교라는 제한된 시스템 안에서 과학과라는 작은 조직을 좋은 조직에서 위대한 조직으로 도약시켰다. 그가 해냈다면, 지금 어떤 비영리 기관에 몸담고 있든 당신도 충분히 할 수 있다.

둘째, 변화를 도모할 때는 '사람이 먼저'라는 원칙에 초점을 맞추고 시작하라는 점이다. 적합한 사람을 버스에 태우고, 부적합한 사람을 버스에서 내리게 하라. 그리고 적합한 사람을 적절한 자리에 앉히기 위해서 당신이 할 수 있는 일은 뭐든 해야 한다. 때로는 종신 재직권이 변화를 가로막는 걸림돌이 되기도 하고, 자원봉사자나 자원 부족 때문에 문제에 부딪히기도 한다. 그래도 여전히 변하지 않는 사실이 있다. 다른 방법이 있는 것이 아니라 "적합한 사람을 요직에 앉히는 일, 바로 거기에서부터 위대함이 시작된다"는 원리는 변하지 않는다.

셋째, 브리그스는 초기에 세운 평가 시스템을 아주 엄격하게 적용함으로써 이 모든 변화를 이루어냈다는 점이다.

사회 각 분야에서 활동하는 비영리 기관에서는 부적합한 사람을 버스에서 내리게 하는 일이 영리 기업에 비해 훨씬 더 어렵다. 그래서 초기에 평가 시스템을 잘 세우는 것이 채용 시스템을 잘 세우는 것보다 더 중요하다. 완벽한 면접 기술이나 이상적인 채용 기법 같은 것은 이 세상에 존재하지 않는다. 누구보다 유능한 경영자라도 인력을 채용할 때 실수를 범하기 마련이다. 그 사람에 대해 확실히 아는 방법은 그 사람과 함께 일을 해보는 수밖에 없다.

기업의 경영자는 직원을 해고하는 것이 비교적 쉽고, 돈으로 재능을 살 수도 있다. 반면에 비영리 기관의 리더들은 대부분 민간 기업에 비해 보수를 훨씬 적게 받고 일하는 직원들에게 의존해야 한다. 경우에 따라서는 보수를 전혀 받지 않는 자원봉사자에게 의존하는 경우도 많다.

그렇다고 낙심하지 마라. 우리 팀에서 발견한 아주 유익한 사실이 하나 있다. 좋은 조직에서 위대한 조직으로 도약하느냐 못하느냐를 결정하는 핵심 변수는 "직원들에게 보수를 얼마나 (많이) 주는가?"가 아니라 "어떤 사람을 버스에 태우는가?"였다. 우리가 비교 연구한 회사들 중 위대한 기업으로 도약하는 데 실패한 회사들은 의욕이 없거나 규율이 잡히지 않은 사람들에게 인센티브를 통해 '동기를 부여하는' 데 집중했다. 이와 대조적으로 좋은 기업에서 위대한 기업으로 도약한 회사들은 무엇보다도 적합한 사람을 버스에 태우고 그들을 계속 붙들어두는 데 집중했다. 다시 말해 생산성을 높이기 위해 신경을 곤두세우는 사람, 스스로 동기를 찾을 줄 알고 자기 훈련이 되어 있는 사람, 누가 시켜서가 아니라 원래 그렇게 타고난 탓에 할 수 있는 한 최선을 다해야 한다는 강박에 가까운 투지를 가지고 매일 아침 눈을 뜨는 사람을 버스에 태우고 그들을 붙잡아두는 데 초점을 맞췄다.

엄청난 인센티브를 제공하는 것이 불가능한(자원봉사자에게 의존하는 경우에는 보상을 하는 것 자체가 불가능한) 비영리 기관에서는 '사람이 먼저' 원칙이 더더욱 중요하다. 규율이 엄격하지 않은 조직 문화를 자원이 부족한 탓이라고 변명해서는 안 된다. 자원이 부족하면 적합한 인재를 선발해야 할 절대적인 필요성이 그만큼 더 커질 뿐이다.

1988년 봄, 프린스턴 대학교 졸업을 앞둔 웬디 콥Wendy Kopp에게 멋진 아이디어가 하나 떠올랐다.

'일류 대학을 졸업한 청년들이 공립학교에서 2년 동안 저소득층 아이들을 가르치도록 설득해보는 건 어떨까?'

웬디 콥은 갈수록 빈익빈 부익부 현상을 심화시키는 미국 교육 제도에 회의를 품고 대안을 찾고 있었다. 그러나 당장 손에 쥔 것이 아무것도 없었다. 돈도, 사무실도, 하부 조직도 없었다. 이름이 유명하지도 않고, 쌓아둔 신용이 있는 것도 아니고, 비품 하나도 없었다. 심지어 몸을 누일 침대나 옷을 보관할 옷장조차 없었다.

2001년에 출간한 《열혈교사 도전기*One Day, All Children*》에 고백한 대로, 웬디는 대학을 졸업한 뒤 뉴욕에 작은 방을 얻어 이사했다. 마룻바닥에 침낭을 펴고, 비닐봉투 세 개에 담아 온 청바지와 셔츠를 꺼내 바닥에 가지런히 정리했다. 그리고 모빌석유의 지주회사인 모빌 사를 설득해서 '티치 포 아메리카Teach For America, TFA'를 설립하는 데 필요한 종자돈 2만 6,000달러를 후원받았다. 그 후 1년 동안은 365일 곡예를 하듯 살았다. TFA라는 버스를 후원하도록 어떻게든 기부자들을 설득하겠다는 약속을 담보로 최우수 학생들이 버스에 타도록 설득하는 한편, 최우수 학생들이 어떻게든 버스에 올라타도록 설득하겠다며 기부자들을 설득하러 다녔다.

1년 뒤, 웬디 콥은 예일, 하버드, 미시건 같은 대학을 최근에 졸업한 500명 앞에 섰다. 교사로 훈련을 받고 학교에 배치되어 아이들을 가르치기 위해 모인 사람들이었다. 열악한 환경에서 낮은 임금을 받고 일해야 하는 상황인데도 우수한 인재가 모여들었다. 그렇다면 웬디 콥은 대체 이들을 어떻게 설득한 것일까?

우선, 이상理想에 대한 그들의 열정을 가볍게 자극했다. 그런 다음 까다로운 선발 조건을 적용했다. 보스턴에 기반을 둔 교육 부문 비영리 단체 '시티 이어City Year'의 창립자로서 모든 과정을 감탄하며 지켜본 마이클 브라운Michael Brown은 이렇게 설명했다.

"웬디 콥은 학업에서 뛰어난 성과를 낸 학생들에게 이렇게 말했습니다. '당신이 정말 좋은 사람이라면, 우리의 대의에 동참할 수 있을 겁니다. 하지만 그 전에 엄격한 심사와 평가 과정을 통과해야 합니다. 열악한 환경에서 아이들을 잘 가르치려면 특별한 역량이 필요합니다. 그러므로 심사를 통과하지 못할 수도 있다는 사실을 알아두시길 바랍니다.'"[10]

이렇게 엄격한 선발 과정은 후원자들에게 신뢰를 안겨주었다. 신뢰가 쌓이는 만큼 후원금도 늘어났다. 덕분에 더 많은 젊은이가 이 프로그램에 호감을 갖게 되었고, 그만큼 훌륭한 인재를 선발할 기회도 늘어났다.

---

10 마이클 브라운과 주고받은 서신.

2005년에는 9만 7,000명 이상이 '티치 포 아메리카' 프로그램에 지원했고, 그중 1만 4,100명이 심사를 통과했다. 연간 후원금은 무려 4,000만 달러로 증가했다.[11]

웬디 콥은 가장 기본이 되는 세 가지 핵심을 정확히 꿰뚫고 있었다.

첫째, 선발 과정이 엄격할수록 그 자리가 더욱 매력적으로 보인다는 점이다. 자원봉사나 임금이 낮은 자리라 해도 마찬가지다.

둘째, 비영리 기관은 영리를 추구하는 기업에 비해 강력한 이점이 하나 있다. 바로 인생의 의미를 찾고 싶어 하는 인간의 간절한 열망을 자극한다는 점이다. 학생들을 가르치고, 사람들을 하나님에게 인도하고, 지역 사회를 안전하게 만들고, 위대한 예술 작품으로 사람들의 영혼을 감동시키고, 굶주리는 사람들을 먹이고, 가난한 사람들을 돌보고, 시민의 자유를 지키려는 순수한 사명. 이런 사명은 사람들의 마음속 깊은 곳에

---

11 웬디 콥과 주고받은 서신.

숨어 있는 열정에 불을 붙이고 헌신을 끌어내는 힘이 있다.

셋째, 비영리 기관이 위대한 조직으로 도약하는 데 필요한 가장 중요한 조건은 조직의 사명에 기꺼이 헌신하려는 적합한 인재를 충분히 확보하는 것이라는 점이다. 적합한 인재를 선발하면 후원금을 끌어올 수 있지만, 돈이 있다고 해서 적합한 인재가 모이는 것은 아니다. 돈은 하나의 상품이지만, 재능은 그렇지 않다. 부족한 돈은 시간과 재능으로 메꿀 수 있지만, 적합한 인재가 없어서 생기는 문제는 돈이 있다고 해결되지 않는다.

쟁점 4.

고슴도치 콘셉트

조직의 경제 엔진 재고하기

《좋은 기업을 넘어 위대한 기업으로》의 핵심은 고슴도치 콘셉트다.[*] 고슴도치 콘셉트의 정수는 어떻게 하면 장기적으로 최선의 결과를 산출할지를 명확하게 이해하고, 고슴도치 테스트를 통과하지 못하는 기회에 대해서는 "사양하겠다"라고 말하는 규율을 엄격하게 적용하는 것이다. 우리 팀에서는 좋은 조직에서 위대한 조직으로 도약한 회사들의 고슴도치 콘셉트를 조사했다. 그 결과에 따르면, 이들 기업은 다음 세 개

---

[*] 이사야 벌린(Isaiah Berlin)은 〈고슴도치와 여우〉라는 유명한 수필에서 고대 그리스 우화를 토대로 사람들을 고슴도치와 여우, 두 부류로 나눈다. 여우는 여러 목적을 동시에 추구하며 세상의 복잡한 면면을 두루 살피는 반면, 고슴도치는 '모든 것을 한데 모아 안내하는 체계적인 개념이나 기본 원리' 하나로 복잡한 세계를 단순화한다. 다시 말해 세상이 얼마나 복잡하건 상관없이 모든 과제와 딜레마를 아주 단순한 콘셉트로 축소시킨다. '고슴도치 콘셉트'라는 표현은 여기에서 나왔다. 《좋은 기업을 넘어 위대한 기업으로》 5장을 참고하라.

의 원이 겹치는 부분이 무엇인지 제대로 이해하고 있었다.

1) 당신 마음속 깊은 곳에 열정을 품고 있는 일

2) 당신이 세계에서 최고가 될 수 있는 일

3) 당신의 경제 엔진을 최적으로 움직이는 일

비영리 기관의 리더들도 고슴도치 콘셉트가 유익하다는 데는 다들 동의했다. 그런데 세 번째 원인 '경제 엔진'에 거부감을 느끼는 이들이 많았다. 나로서는 그 이유를 이해하기 어려웠다. 물론 돈을 버는 것이 비영리 기관의 목적은 아니다. 하지만 조직의 사명을 제대로 이루려면 경제 엔진이 있어야 하는 것 아닌가.

그래서 나는 펜실베이니아 주 레딩에 있는 교회에서 목사로 재직 중인 존 모건John Morgan을 만나 이야기를 나누었다. 목회 경험이 30년이 넘는 존 모건 목사는 이렇게 말했다.

"우리 교회는 사회에 적응하지 못하는 사람들이 모이는 곳입니다. 고슴도치 콘셉트라는 일관된 개념이 매우 유익하다는 걸 알고 있습니다. 실제로 우리는 이 공동체를 재건하고자 하는 열정이 아주 강합니다. 그리고 공동체의 다양성을 오롯이 반영하여 변혁적인 젊은 리더들을 키워내는 면에 있어서는 이 지역에서 우리 교회가 최고라고 자부합니다. 이것이 우리의 고슴도치 콘셉트입니다."

그럼 경제 엔진은 무엇일까?

존 모건 목사는 이렇게 말을 이었다.

"아, 그 원은 바꿀 수밖에 없었습니다. 교회에서 경제 엔진을 운운하는 것은 말이 안 되니까요."

이해가 되지 않았다. 그래서 다그쳐 물었다.

"왜 말이 안 되죠? 목사님도 사역을 하려면 돈이 필요하지 않습니까?"

존 모건 목사가 대답했다.

"글쎄요, 두 가지 문제가 있습니다. 첫째, 종교 단체에서 돈을 이야기하면 문화적인 저항에 부딪힙니다. 전통적으로 '돈을 사랑함이 일만 악의 뿌리'가 된다고 가르쳐왔으니까요."

나는 다시 물었다.

"하지만 돈이 있어야 전기료도 내고 전화료도 내는 것 아닙니까?"

"맞습니다. 하지만 교회에서 노골적으로 돈을 들먹이면 사람들이 불편해한다는 점을 명심해야 합니다."

존 모건은 이어서 두 번째 문제를 지적했다.

"둘째, 우리가 교회를 운영하는 데는 돈보다 필요한 것이 훨씬 많습니다. 그러니 우리가 여러 자원, 단순히 돈뿐만이 아니라 시간과 정서적 헌신, 손, 마음, 생각까지 온갖 자원을 충분히 얻으려면 어떻게 해야 할까, 이것이 우리의 고민입니다."[12]

존 모건은 기업과 비영리 기관의 근본적인 차이를 정확히 지적했다. 비영리 기관에서는 고슴도치 콘셉트의 세 번째 원이 '경제 엔진'에서 '자원 엔진'으로 바뀐다. 요컨대 비영리 기관에서 중요한 문제는 "얼마나 많은 돈을 버느냐?"

---

12 존 모건과의 인터뷰.

가 아니다. "어떻게 하면 우리의 사명에 맞는 탁월한 성과를 내기 위해 지속가능한 자원 엔진을 개발할 수 있을까?"가 가장 중요하다.

사회 각 분야에서 활동하는 다양한 비영리 기관을 조사한 끝에 나는 자원 엔진에 세 가지 기본 요소가 있다는 사실을 알게 되었다. 하나는 시간이고, 또 하나는 돈이고, 마지막 하나는 브랜드다. '시간'이라는 요소는 앞에서도 다뤘듯이 기업에서 일하면 훨씬 높은 임금을 받을 수 있는 자신의 재능을 임금이 훨씬 낮거나 아예 없는 곳에 기꺼이 바치고 조직의 사명을 위해 헌신할 사람을 얼마나 잘 끌어 모을 수 있느냐를 의미한다. (기억하라. 사람이 먼저다!)

이번 장에서 다루는 '돈'은 지속적인 자금 흐름을 의미한다. 그리고 다음 장에서 다룰 '브랜드'는 잠재적인 후원자들에게서 정서적으로 호의와 공감을 얼마나 잘 끌어내느냐를 의미한다. 다음 페이지에 나오는 '비영리 기관의 고슴도치 콘셉트'를 참조하라.

비영리 기관의
고슴도치 콘셉트

깊은 열정을
가진 일

자원 엔진을
움직이는 것

세계 최고가
될 수 있는 일

첫 번째 원: 열정

- 당신이 속한 비영리 기관이 상징하는 것(핵심 가치)과 존재하는 이유(사명 또는 핵심 목표) 이해하기.

두 번째 원: 세계 최고

- 당신이 속한 비영리 기관이 사회에 독특하게 이바지할 수 있는 부분, 즉 지구상에 있는 다른 어떤 기관이나 단체보다 더 잘할 수 있는 것이 무엇인지 이해하기.

세 번째 원: 자원 엔진

- 시간, 돈, 브랜드, 이 세 부분으로 나뉘는 자원 엔진을 최적으로 움직이는 것이 무엇인지 이해하기.

《좋은 기업을 넘어 위대한 기업으로》에서 우리는 '경제적 기준'이라는 개념을 찾아냈다. 만약 여러분이 몸담고 있는 비영리 기관이 단 하나의 비율(x당 수익)을 골라 날이 갈수록 그것을 체계적으로 높여갈 수 있다면, 어떤 x가 여러분의 경제 엔진에 가장 중대한 영향을 미칠까? 기업의 경우에는 이 비율이 경제의 핵심, 즉 투하자본순이익률投下資本收益率이라 일컫는 수익 메커니즘과 완벽하게 맞아떨어진다.

그런데 이런 개념이 비영리 기관에는 적용되지 않는다.

그 이유는 크게 두 가지다.

첫째, 비영리 단체의 경영 자문을 맡고 있는 브리지스팬그룹Bridgespan Group의 톰 티어니Tom Tierney가 적절히 지적했듯이, 비영리 기관에는 최적의 결과를 내놓는 사람에게 자원을 공급해주는 합리적인 자본 시장이 없기 때문이다.

둘째, 기업에는 'x당 수익'처럼 공통으로 적용되는 경제적 기준이 있지만, 비영리 분야에는 모든 기관에 예외 없이 적용되는 경제적 기준이 없기 때문이다. 비영리 기관의 설립 목적은 대개 사회의 목표와 인간의 필요, 국가 우선순위와 일치하는 것으로 그 유익에 값을 매길 수가 없다.

우리 팀은 사회 각 영역에서 활동하는 44개 비영리 기관의 경제 상태를 조사했다. 마이클 레인Michael Lane 연구원이 예산 명세서, 연례 보고서, 재무제표, 각 기관이 국세청에 제출한 세무 보고 양식 등을 활용해서 자금원과 지출 항목, 구속 자산(일정 기간 또는 영구적으로 특정 목적을 위해 그 사용이 제한된 자산)과 비구속 자산(사용에 아무런 제한이 없는 자산), 경영자 보상 제도에 관한 정보를 수집했다. 분석 범위가 한정되어 있고 분석 목적도 그리 대단하지 않았지만, 그럼에도 우리는 그 자료에서 중요한 사실을 알아냈다.

사회 각 분야에서 활동하는 비영리 기관들을 사분면(세로축은 자선 성격의 기부금과 개인적인 보조금을 나타내고, 가로축은 서비스와 계약의 제공에 따른 용역 및 상품 판매 등으로 얻는 영업 수입을 나타낸다)으로 구분하면, 사분면 전체에 골고루 분포되어 있는 것을 알 수 있다. (75쪽 '사분면으로 분류한 비영리 기관의 경제 엔진'을 참고하라.)

같은 분야에서 활동하는 비영리 기관들도 경제적인 면에서는 각각 다른 사분면에 포함된다. 예컨대 걸스카우트연맹은 걸스카우트 쿠키를 판매해서 상당한 현금 유동성을 확보하는 반면에 정부 지원은 거의 받지 않는다.[13] 반면에 방과후

---

13 걸스카우트 쿠키 판매는 지역 걸스카우트 이사회 차원에서 이루어지고, 국세청에 제출한 세무 보고에는 나오지 않는다.

학교 프로그램을 제공하는 미국소년소녀클럽Boys and Girls Clubs of America, BGCA은 수입의 절반 이상을 정부 지원금으로 충당한다. 게다가 각 사분면에 속한 비영리 기관들은 그에 어울리는 역량을 갖추고 있어야 한다. 정부 지원에 의존하는 기관은 정치적 역량을 발휘하는 한편 대중의 지지를 얻어야 한다. 예컨대 미국 항공우주국NASA은 포춘 선정 500대 기업 중에서도 상위 그룹과 맞먹을 정도로 많은 예산이 필요하다. 따라서 투입한 예산에 걸맞은 역할을 제대로 해내고 있다는 확신을 의회에 심어주어야 한다. 한편 자선 성격의 기부금에 의존하는 비영리 기관들은 기금을 모금하는 기법을 개발하고, "우리 사회의 꿈과 희망인 아이들에게 건강한 웃음을 선물해주세요"라는 식으로 사람들 사이에 정서적 친밀감을 형성할 수 있어야 한다. 반면에 병원처럼 영업 수입에 크게 의존하는 기관은 역동적인 기업의 경영 방식과 무척 유사하다.

　비영리 분야는 이처럼 경제 구조가 무척 다양하기 때문에 고슴도치 콘셉트가 더욱 중요하다. 그리고 내부적으로 상당히 복잡한 이런 특성 때문에 조직 구조 전체를 꿰뚫어보는 통찰력과 엄밀한 분석이 일반 기업의 경우보다 더 중요하다. 따라서 처음에는 열정을 원동력 삼아 시작하더라도 나중에는 각 기관이 소속된 지역 사회와 공동체에 가장 잘 기여할 수 있는 방법이 무엇인지 엄밀하게 평가함으로써 열정을 재조정하고, 다음 단계에서는 앞의 두 원에 자원 엔진을 완벽하게 맞추는 방법을 고안해내야 한다.

사분면으로 분류한
비영리 기관의 경제 엔진

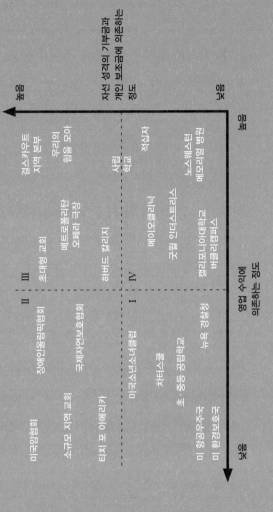

자선 성격의 기부금과
개인 보조금에 의존하는
정도

높음 ← → 낮음

높음

걸스카우트
지역 본부

우리의
힘들 모아

메트로폴리탄
오페라 극장

III

조내셔널 교회

하버드 칼리지

IV

메이오클리닉

굿윌 인더스트리스

캘리포니아대하교
버클리캠퍼스

사립
학교

적십자

노스웨스턴
메모리얼 병원

낮음

높음

II

장애인올림픽협회

국제자연보호협회

I

미국소년소녀클럽

차터스쿨

조·중등 공립학교

뉴욕 경찰청

미 항공우주국

미 환경보호국

낮음

영업 수익에
의존하는 정도

미국암협회

소규모 지역 교회

티치 포 아메리카

일사분면(I): 정부 지원에 크게 의존하는 기관

미 항공우주국, 미 해병대, 초·중등 공립학교, 차터스쿨 (charter school, 주 및 지방 당국의 규제 없이 주로 학부모와 교사, 지역 단체 등이 공동으로 위원회를 구성해 운영하는 특수화된 공립 교육 기관), 경찰청 등 정부에서 지원받는 기관들이 여기에 속한다. 미국소년소녀클럽처럼 다른 수입원을 늘리기 위해서 직접적인 정부 지원에 크게 의존하는 비영리 기관도 여기에 속한다. 이 부류에 속하는 비영리 기관의 자원 엔진은 대부분 조직의 정치적 역량이 어떠하고 계속해서 대중의 지지를 받고 있는지 여부가 결정한다.

이사분면(II): 자선 성격의 개인 후원에 크게 의존하는 기관

미국암협회, 장애인올림픽협회, 해비타트운동 등과 같이 대의를 추구하는 비영리 기관이 여기에 속한다. 종교 기관, 지역 사회에 기반을 둔 단체, 지역 자선 단체도 여기에 속한다. 이 부류에 속하는 비영리 기관의 자원 엔진은 개인적인 관계와 기금 모금에 대부분 의존한다.

삼사분면(III): 자선 성격의 기부금과 영업 수입을 융합하는 기관

공연 예술에 주력하는 기관들, 쿠키를 판매하는 걸스카우트 지역 본부들, 기업의 후원을 활용하는 '우리의 힘을 모아 Share Our Strength, SOS' 같은 단체처럼 독특한 영업 이익을 창출해서 자원 엔진의 경제 부문을 강화하는 기관이 여기에 속한다. 이 부류에 속하는 조직은 자원 엔진을 원만하게 굴리기 위해서 사업 감각뿐 아니라 기금 모금 역량까지 갖춰야 한다.

사사분면(IV): 영업 수익에 크게 의존하는 기관

주로 상품과 서비스, 강의와 계약 등을 통해 기금을 마련하는 기관, 예컨대 고등교육 기관이나 비영리 병원이 여기에 속한다. 요즘은 전통적인 비영리 기관들이 이 방향으로 변화하는 추세다. 20억 달러 상당의 생물의학 관련 사업(주로 혈액제제 개발)을 운영하는 국제적십자운동, 중고 할인 판매점을 운영하는 굿윌 인더스트리스 인터내셔널Goodwill Industries International이 대표적인 예다. 이 부류에 속하는 비영리 기관의 자원 엔진은 영리 기업의 자원 엔진과 무척 유사하다.

고슴도치 콘셉트에서는 세 개의 원을 가장 잘 연결하는 방법을 알아내는 것이 중요하다. 다시 말하면, 세 개의 원이 서로 시너지를 일으킬 방법을 찾아야 한다. 따라서 "어떻게 해야 우리가 가장 잘할 수 있는 것에 집중함으로써 자원 엔진에 긍정적인 영향을 주고, 어떻게 해야 자원 엔진이 우리가 가장 잘할 수 있는 것을 더욱 강화할 수 있을까?"라는 질문에 답할 수 있어야 한다. 그리고 그 답은 항상 옳아야 한다.

드류 부스카레노Drew Buscareno는 인디애나 주 사우스벤드에 있는 '노숙자센터Center for the Homeless' 사무총장이 되었을 때, 팀원들의 지원을 받아 조직의 고유한 고슴도치 콘셉트를 개발했다. 그는 노숙자센터를 통해 자기 스스로 삶을 책임지도록 노숙자들을 독려했고, 이를 통해 노숙자센터가 미국 중서부 지역에 만연한 노숙자 문제의 악순환을 깨뜨리는 세계 최고의 기관이 될 수 있다고 굳게 믿었다. 그는 정부 지원에 주로 의존하는 자원 엔진이 조직의 고슴도치 콘셉트에 맞지 않는다는 사실도 곧 파악했다. 부스카레노는 이렇게 말했다.

"노숙 생활이 자아와 가족, 지역 사회로부터의 깊은 단절을 의미한다는 사실을 알게 되었습니다. 이 깨달음이 우리 조직을 구성하는 데 큰 영향을 끼쳤습니다. 우리는 사람들, 그러니까 노숙자와 후원자, 자원봉사자와 직원을 자아와 가족, 지역 사회와 연결하는 방향으로 조직을 개편했습니다. 정부 지원금에 의존하는 방식은 우리 조직이 추구하는 핵심 가치와 맞지 않습니다. 정부 지원금에 의존하는 대신 자원봉사자 및 지역 후원자를 노숙자 개개인과 적극적으로 연결시켜주는 편이 훨씬 효과적이죠."

노숙자센터는 센터의 사명에 공감하여 매년 5,000달러에서 1만 달러를 꾸준히 기부하는 개인 후원자들을 중심으로 경제 엔진을 다시 구축했다. 2004년 기준으로 노숙자센터의 자원 엔진에서 정부 보조금이 차지하는 비율은 10퍼센트도 채 되지 않았다. 정부 지원금을 받을 자격이 없어서 못 받는 것이 아니라, 정부 지원금에 의존하는 것이 노숙자센터의 고슴도

치 콘셉트를 구성하는 다른 두 개의 원과 어울리지 않기 때문에 의도적으로 줄여나간 것이다.[14]

피터 드러커Peter Drucker는 이렇게 충고했다.

"좋은 일을 하려면 일을 잘해야 한다."

나는 여기에 한 가지를 덧붙이고 싶다.

"일을 잘하려면 여러분의 고슴도치 콘셉트에 철저하게 집중해야 한다."

옛말에 돈이 들어오지 않으면 사명도 쓸데없다는 말이 있지만, 이 말은 더 넓은 진리의 일부에 불과하다. 사회 각 분야에서 활동하는 비영리 기관이 위대한 조직으로 성장하려면, 조직의 고슴도치 콘셉트에서 조직을 멀어지게 만드는 자원에 대해서는 과감하게 "고맙지만 사양하겠습니다!"라고 말할 수 있는 규율이 있어야 한다. 고슴도치 콘셉트에 부합하는 자원만 받아들이고, 거기에서 멀어지게 하는 자원을 단호하게 거부하는 조직이 이 세상과 사회를 위해 더 큰 역할을 할 수 있을 것이다.

---

14 드류 부스카레노와 주고받은 서신.

쟁점 5.

플라이휠 돌리기

브랜드 구축으로 추진력 얻기

단 한 번의 결정적인 행동이나 하나의 원대한 프로그램으로 위대한 조직이 탄생하는 것이 아니다. 한 가지 끝내주는 혁신이나 기막힌 행운, 기적 같은 순간이 우리가 속한 조직을 위대한 조직으로 도약시키는 것이 아니다. 우리 팀이 연구한 바에 따르면, 위대한 조직을 세우는 과정은 크고 무거운 플라이휠을 돌리는 것과 비슷하다.* 꼼짝도 하지 않을 것처럼 보이는 플라이휠을 오랜 기간 하루도 빠짐없이 비지땀을 흘리며

---

* 플라이휠은 굴대 위에 수평으로 올려져 있는 금속 원판으로 지름이 30피트, 두께가 2피트, 무게가 2톤쯤 되는 크고 무거운 바퀴를 말한다. 기계나 엔진의 회전 속도에 안정감을 주는 역할을 하며 크고 무거워서 처음에는 돌리기 어려우나 일단 가속이 붙으면 손쉽게 돌아간다. 짐 콜린스는 위대한 조직을 만드는 과정을 크고 무거운 플라이휠을 돌리는 것에 빗대어 손을 떼어도 플라이휠이 스스로 돌아갈 때까지 꾸준히 돌리는 것이 중요하다고 강조한다. 《좋은 기업을 넘어 위대한 기업으로》 8장을 참고하라.

밀면, 결국 천천히 움직이기 시작한다. 그렇다고 거기에서 멈추면 안 된다. 끈기를 가지고 계속 밀면서 플라이휠을 완전히 한 바퀴 돌려야 한다. 이때에도 멈추면 안 된다. 머리를 쓰면서 같은 방향으로 계속 밀면 플라이휠이 조금 더 빨리 돌아간다.

그러니 계속 밀어라. 두 바퀴를 돌고 … 네 바퀴를 돌고 … 여덟 바퀴를 돌고…. 그러다 보면 플라이휠이 추진력을 얻기 시작한다. … 열여섯 바퀴를 돌고…. 그래도 계속 밀어라. … 서른두 바퀴를 돌고…. 플라이휠에 전보다 더 추진력이 생긴다. … 백 바퀴를 돌고…. 한 바퀴가 더해질 때마다 추진력은 더 쌓인다. … 천 바퀴 … 만 바퀴 … 십만 바퀴…. 그렇게 추진력이 축적되다 보면 어느 시점에 돌파가 이뤄진다.

플라이휠을 한 바퀴 더 돌릴 때마다 그 힘이 이전에 쏟은 힘에 더해지고, 지금까지 투자한 노력은 더욱 힘을 얻는다. 마침내 바퀴를 멈출 수 없을 정도로 추진력이 쌓이면, 플라이휠이 힘차게 앞으로 굴러간다. 그렇게 해서 우리는 비로소 위대한 경지에 이른다.

조직의 고유한 고슴도치 콘셉트에 집중함으로써 독특한 결과를 만들어내라. 그 결과가 자원과 헌신할 사람을 끌어당길 것이고, 이를 활용해서 당신은 조직을 강하게 만들 수 있다. 조직이 탄탄해지면 그 조직은 훨씬 더 뛰어난 결과를 산출할 것이다. 그러면 자연스럽게 더 많은 자원과 헌신할 사람을 끌어모으게 될 것이고, 이를 바탕으로 당신은 조직을 더 강하고 탄탄하게 만들어 더 뛰어난 결과를 산출할 수 있다.

사람들은 혼신의 힘을 쏟아야 하는 일에 자신이 참여하고 있다는 느낌이 들 때 짜릿함을 느낀다. 구체적인 결과가 나오기 시작할 때, 요컨대 플라이휠이 힘차게 돌아가는 모습을 두 눈으로 확인하기 시작할 때, 대부분의 사람들은 팔을 걷어붙이고 플라이휠에 달려들어 힘을 보탠다.

플라이휠의 힘은 여기에 있다. 성공이 후원과 헌신을 유도하고, 후원과 헌신이 더 큰 성공을 낳고, 그 성공이 다시 더 많은 후원과 헌신을 유도한다. 플라이휠은 이런 식으로 탄력을 받아 더욱 힘차게 돌아간다. 사람들은 언제나 승자를

응원하고 싶어 하는 법이다!

상업 세계에서는 플라이휠이 유난히 잘 돌아간다. 경제적으로 탁월한 성과를 내놓으면, 너 나 할 것 없이 모두 달려들어 자본을 투자하려 한다. 이와 달리 사회 분야에서 활동하는 비영리 기관의 경우에는 탁월한 성과를 낸다고 해서 무조건 지속적인 자원 지원이 보장되는 것은 아니다. 오히려 정반대 현상이 벌어지기도 한다.

클라라 밀러Clara Miller가 2003년 봄 《논프로핏 쿼털리Nonprofit Quarterly》에 기고한 "숨겨져 있는 것처럼 보이지만 실은 쉽게 찾을 수 있는 것"이라는 글에서 말한 대로다. 비영리 기관을 후원하는 사람들은 특정 기관이 위대한 조직으로 성장하기까지 장기적으로 후원하기보다는 단기 프로젝트를 후원하는 쪽을 선호하는 경향이 있다.

요컨대 "당신네 기관이 이미 흑자를 내고 있는데, 왜 내가 당신네 기관을 후원해야 하느냐?"는 논리다. 그래서 단기 프로젝트 진행을 위해 기금을 후원받던 소규모 비영리 단체가 조직의 장기적이고 지속적인 성장을 위해 후원금을 모금하는 쪽으로 방향을 선회할 때 그야말로 '사망의 음침한 골짜기'에 빠지곤 한다. 많은 비영리 기관이 그 과정에서 씁쓸한 실패를 경험한다.

적합한 사람들이 운영하는 위대한 기업에 투자하는 것이 당연하다고 생각하는 사람들이 왜 비영리 분야에는 똑같은 논리를 적용하지 못하는지 나는 그 이유가 정말 궁금하다. 자유 시장 모델에 '적정 가격 교환'이라는 개념이 있다면, 비영리 분야에는 '공정교환公正交換'이라는 개념이 있다고 할 수 있는데, 안타깝게도 공정교환이 제대로 이루어지지 않는다.

예컨대 내가 당신이 몸담고 있는 기관에 돈을 후원하면, 내게는 그 돈을 어떻게 사용하라고 말할 자격이 생긴다. 그 돈은 적정 가격에 상품을 구입하고 그 대가로 지불한 돈이 아니라 내가 당신에게 기증한 선물(또는 공적 자금)이기 때문이다. 바꿔 말하면, 비영리 기관을 후원할 때 사람들은 '시간을 알려주는' 기관을 선호한다. 후원금의 사용 범위가 제한된 특정 프로젝트, 또는 카리스마와 선견지명을 갖춘 리더가 추진하는 프로젝트를 집중 후원하는 경향이 있다.

그러나 비영리 기관이 위대한 조직으로 도약하려면 '시간을 알려주는 사람'에서 '시계를 만드는 사람'으로 바뀌어야 한다. 요컨대 단발성 프로젝트나 선견지명이 있는 리더에게 의존하지 않고도 계속해서 발전할 수 있는, 강인하고 자생력을 갖춘 조직을 만들어야 한다. 후원금의 사용 범위를 제한하다 보면, "사회에 크나큰 영향을 끼치려면 단발성의 대형 프로젝트가 아니라 '위대한' 비영리 기관이 무엇보다 필요하다"는 본질을 놓치기 쉽다.

어떤 비영리 기관이 조직의 고슴도치 콘셉트에 집중하면서 탁월한 결과를 산출하는 규율의 문화를 갖추고 있다면, 그 기관의 리더들이 가장 잘 아는 방식으로 일을 진행할 수 있도록 자원을 후원해주는 것이 후원자의 올바른 역할이다. 후원자들은 그들이 일하는 방식에 일일이 개입하려 하지 말고 그들이 시계를 만들 수 있게 해주어야 한다.

기업과 비영리 기관은 경제적인 부분에서 분명 차이가 있다. 그럼에도 불구하고 기업의 경영자든 비영리 기관의 리더든, 자신이 몸담고 있는 조직을 좋은 조직에서 위대한 조직으로 도약시키려는 사람들은 플라이휠 효과를 적극 활용해야 한다. 기업에서 플라이휠을 돌리는 핵심 동력은 재정적 성공과 자본 자원 간의 관계인 반면에, 비영리 기관에서는 '브랜드에 대한 평판'이 핵심 동력이다. 브랜드에 대한 평판은 구체적인 결과와 마음에서 우러나는 감정을 공유하는 것으로 형성된다. 브랜드가 구축되면 후원자들은 해당 기관의 사명만이 아니라 그 사명을 수행할 수 있는 기관의 능력까지 신뢰한다.

정말로 하버드가 다른 대학교보다 더 질 좋은 교육을 제공하고 교육의 성과도 더 높을까? 아마도 사람들은 그렇게 느끼는 것 같다. 기부금 모금에 관한 한 사람들이 하버드에 느끼는 정서적 매력은 모든 의구심을 떨쳐내고도 남는다. 2004년 기준으로 하버드 대학이 지금까지 모금한 학교 발전 기금은 무려 200억 달러가 넘는다.[15] 그런데도 기부 행렬은

---

15 하버드 대학에서 발행하는 《하버드 가제트》 2004년 9월 15일자 기사에 따르면, "하버드 대학교의 기부금은 6월 30일에 마감된 회계연도 2004년 기준 21.1퍼센트의 수익률을 올렸고, 그 결과 기부금 총액이 226억 달러에 이르렀다."

계속 이어지고 있다. 한 하버드 졸업생은 이렇게 말했다. "매년 하버드에 약간의 돈을 기부합니다. 그래봐야 모래사장에 모래를 몇 개 보태는 정도이지만요."

적십자가 정말로 세계에서 재난 구조를 가장 잘하는 기관일까? 아마 사람들은 그렇게 느끼는 것 같다. 재난을 당한 사람들을 보고 "내가 어떻게 도울 수 있을까?" 하는 물음에 적십자는 쉬운 답을 제공해준다. 그것이 바로 적십자라는 브랜드가 가진 힘이다. 미국암협회가 암을 정복하는 일을 가장 잘하는 조직이고, 국제자연보호협회가 환경 보호를 가장 잘하는 단체일까? 아마도 그럴 것이다. 암 치료나 환경 보호와 같이 사람들이 걱정하는 문제에 대해서 이들 기관의 브랜드는 사람들에게 손쉬운 답을 제시해준다.

정부 지원을 받는 기관들에도 똑같은 원리가 적용된다. 뉴욕 경찰청, 미국 해병대, 미국 항공우주국도 상당히 우수한 브랜드를 가지고 있다. 따라서 이들 기관에 대한 정부 지원금을 삭감하려는 사람들은 결국 브랜드와 싸워야 한다.

비영리 기관의 플라이휠

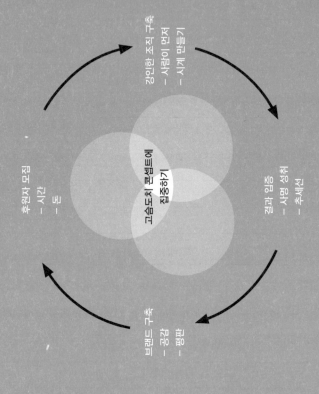

고슴도치 콘셉트에 집중하기

강인한 조직 구축
– 사람이 먼저
– 시계 만들기

결과 입증
– 사명 성취
– 추세선

브랜드 구축
– 공감
– 평판

후원자 모집
– 시간
– 돈

앞으로 우리 팀이 사회 각 분야에서 활동하는 비영리 기관의 브랜드의 역할을 조사해서 통찰력 있는 결론을 끌어낼 수 있기를 바란다. 그때까지 데이비드 아커David Aaker가 쓴 고전 《브랜드 자산의 전략적 경영Managing Brand Equity》을 추천한다.

그러나 나는 앞으로 우리의 연구가 어떤 결과를 도출하더라도 플라이휠 효과는 변하지 않을 것이라고 굳게 믿는다. 진정으로 위대한 비영리 기관을 구별하는 것은 바로 한결같은 태도다. 한결같이 치열하게 노력하고, 한결같이 고슴도치 콘셉트에 집중하고, 핵심 가치를 한결같이 지키고, 오랜 시간 한결같이 플라이휠을 돌리고 또 돌려야 위대한 조직으로 도약할 수 있는 법이다.

오랫동안 위대함을 잃지 않는 위대한 조직들은 '결코 변하지 않아야 할 핵심 가치나 근본 목표'와 '변화하는 세상에 끊임없이 적응하며 바꿔야 하는 조직의 운영 방식이나 문화 규범, 비즈니스 전략'을 구분할 줄 안다. 그래서 '핵심 가치를 보존하되 발전을 자극하라'는 원칙을 준수한다. 당신이 몸담고 있는 조직의 핵심 가치를 충실히 지키면서 조직의 고슴도치 콘셉트에 집중한다는 것은 곧 무엇을 해야 하고 무엇을 하면 안 되는지를 엄격하고 냉철하게 구분할 줄 안다는 뜻이다.

비영리 기관의 리더들은 세상을 위해 좋은 일을 하고 있다는 자부심이 강하다. 하지만 정말로 세상에 유익을 끼치기 위해서는 자신이 속한 조직의 고슴도치 콘셉트와 일치하는 방향으로 좋은 일을 하려고 힘써야 한다. 세상에 정말로 큰 도움이 되기 위해서는 당신네 조직의 고슴도치 콘셉트를 버리라는 압력에 단호하게 '노No!'라고 말할 수 있어야 하고, 조직의 고슴도치 콘셉트에 부합하지 않는 일을 즉시 중단하는 엄격한 규율이 필요하다.

2001년 9월 11일 화요일, 클리블랜드 관현악단은 목요일에 있을 연주회를 앞두고 말러의 교향곡 5번을 연습하고 있었다. 그런데 연습 도중 테러리스트의 공격이 있었다는 소식이 들려왔다. 소식을 들은 단원들은 악기를 내려놓고 연습을 중단했다.

이튿날 토머스 모리스와 음악 감독 크리스토프 폰 도흐나니가 머리를 맞대고 목요일 공연을 어떻게 할지 상의했다. 그 주에 미국에서 예정되어 있던 공연 가운데 둘 중 하나는 취소되는 상황이었기 때문에 공연을 취소하더라도 크게 문제 될 것은 없었다. 그러나 공연을 강행한다면, 어떤 곡을 연주해야 할지 고민해야 했다. 이미 토머스 모리스는 클래식 레퍼토리를 포기하고 순수한 미국 음악으로 프로그램을 바꾸라는 지역 주민들의 압력을 받고 있었다.

토머스 모리스와 크리스토프 폰 도흐나니는 미국인들에게 역사상 그 어느 때보다 오케스트라 연주가 필요한 때가 바로 지금이라는 결론을 내렸다. 인류가 창조한 가장 힘 있는 오케스트라 음악을 가장 훌륭하게 연주해내야 했다. 그들은 예정대로 말러의 교향곡 5번을 연주하기로 했다.

구스타프 말러가 죽음과 사랑, 삶에서 비롯된 극단적인 감정에서 영감을 받아 작곡한 작품이기 때문이다. 말러의 교향곡 5번은 솔로 트럼펫의 음울한 장송 행진곡으로 시작된다. 그 뒤를 이어 천둥 같은 오케스트라의 연주가 이어지고, 65분 후에 카타르시스를 안겨주는 탄생과 부활의 환희로 끝난다. 마치 구스타프 말러가 거의 100년 전에 9.11 사태를 예견하고, 심장이 뻥 뚫린 한 국가의 영혼을 위로하기 위해서 교향곡 5번을 작곡한 듯했다.

9월 13일에 세버런스홀을 가득 채운 관객들은 종이를 한 장 받았다.

거기에는 이렇게 쓰여 있었다.

"오늘 공연은 묵념으로 시작하겠습니다."

정각 8시에 훤칠한 키에 하얀 머리칼을 흩날리며 크리스토프 폰 도흐나니가 무대 중앙으로 당당하게 걸어나왔다. 검은 연미복을 입고 있었다. 크리스토프 폰 도흐나니는 관객을 향해 돌아서서 잠시 묵념을 했다. 사실 잠시가 아니었다. 1분이 지나고 거의 2분 가까이, 아마 5초만 더 길었어도 영겁의 시간처럼 느껴졌을 그 순간까지 크리스토프 폰 도흐나니는 묵념을 이어갔다. 그렇게 오래 묵념의 시간을 가진 뒤에야 고개를 들었다. 그러고는 오케스트라를 향해 돌아서서 모든 단원이 자리에 앉기를 기다렸다.

마침내 크리스토프 폰 도흐나니가 지휘봉을 살짝 들어올렸다. 그 자세로 잠시 동작을 멈추었다가 곧이어 손목을 살짝 비틀자, 침묵을 깨고 구슬픈 트럼펫 소리와 함께 말러의 교향곡 5번이 시작되었다.

토머스 모리스는 당시를 회상하며 이렇게 말했다.

"타협하지 않는 탁월한 예술성으로 위대한 음악을 전달하겠다는 우리 관현악단의 핵심 가치를 꿋꿋하게 지키면서, 우리가 가장 잘할 수 있는 것을 고수하는 것보다 지역 주민을 더 잘 섬길 수 있는 방법은 없다고 믿었습니다."[16]

물론 후원자들 중에는 관현악단의 연주에 맞추어 슬픔에 빠진 사람들에게 용기를 북돋는 노래를 불러주고 싶은 사람도 있었을 테고, 예정된 공연을 당연히 취소해야 한다고 생각하는 사람도 있었을 테지만, 그런 것은 중요하지 않았다. 온

---

16 토머스 모리스와 주고받은 서신.

나라가 슬픔과 충격에 빠져 있는 시국에 예정된 공연을 강행하는 것을 괘씸히 여겨 적지 않은 후원자가 이듬해에는 기부를 하지 않겠다고 마음먹을 위험도 있고, 언론 매체가 매서운 비판을 쏟아낼 위험도 있었다. 하지만 그런 것 역시 중요하지 않았다.

중요한 것은 클리블랜드 관현악단이 조직의 핵심 가치와 고슴도치 콘셉트를 충실히 지키면서, 자신들이 이 세상 누구보다 잘할 수 있는 것으로 클리블랜드 시민들을 위해 봉사했다는 것이다.

구조적 한계에 대한

강박을 버려라

증권 거래소에 주식을 상장한 미국 기업 중에서 1971년부터 2002년까지 투자 비용 대비 투자 수익률이 가장 높은 기업이 어디인지 아는가?

제너럴 일렉트릭? 아니다. 인텔? 아니다. 월마트? 역시 아니다.

어떤 기업이 투자 수익률이 가장 높았을까?

《머니 매거진Money Magazine》이 지난 30년간의 실적을 분석한 바에 따르면, 그 주인공은 다름 아닌 사우스웨스트항공이었다.[17]

이 문제를 잠깐 생각해보자. 지난 30년 동안 항공 산업만큼 상황이 좋지 않았던 산업을 생각하기 어려울 정도다. 연료비

---

17 Jon Birger, "30-Year Super Stocks", *Money Magazine*, October 9, 2002.

상승, 규제 철폐와 그로 인해 치열해진 경쟁, 노동 쟁의, 9.11 사태, 높은 고정 비용으로 항공사의 파산이 잇달았다. 그런데도 《머니 매거진》의 계산에 따르면, 1972년 사우스웨스트항공에 1만 달러를 투자한 사람은 2002년에 1,000만 달러 이상을 돌려받았을 것이다. 그 사이에 유나이티드항공은 파산했고, 아메리칸항공은 휘청거렸고, 항공 산업은 사상 최악의 늪에 빠져 허우적거렸다. 그뿐만이 아니다. 사우스웨스트항공과 같은 사업 모델을 가지고 운행하던 여러 항공사가 이 기간에 파산을 면치 못했다. 그래서 항공사 경영진들은 습관처럼 산업 환경을 탓했고, 미국 상장 기업 중에서 지난 30년간 최고의 실적을 올린 기업이 항공사라는 사실에는 눈을 감았다.

이번에는 이런 질문을 생각해보자.

사우스웨스트항공 직원들이 이렇게 생각했다면 어땠을까?

'위대한 과업? 위대한 조직? 이것 봐, 항공 산업이 직면한 구조적 한계를 해결하기 전까지, 우리가 할 수 있는 위대한 일은 아무것도 없어.'

사회 각 분야에서 활동하는 여러 비영리 기관에서 질의응

답 형식의 강연을 할 때마다 한 가지 흥미로운 사실을 확인할 수 있었다. 비영리 기관에서 일하는 사람들이 구조적 한계에 강박관념을 가지고 있는 경우가 많다는 사실이었다.

의료계 비영리 기관 리더 모임에서 내가 순진하게 물었다.

"여러분이 위대한 병원을 세우려면 필요한 게 뭘까요?"

한 리더가 대답했다. "의료 보험 제도가 붕괴되었습니다. 하루 빨리 바로잡아야 합니다."

또 한 리더는 이렇게 대답했다. "보험회사, 정부, 기업 등 궁극적으로 의료비를 내는 대상은 소비자가 아닙니다. 여기에서 근본적인 문제가 발생합니다. 모두가 세계 최고의 의료 서비스를 받을 자격이 있다고 생각하지만, 누구도 그에 합당한 의료비를 지불하려 하지 않습니다. 의료 보험에 가입하지 않은 사람이 무려 4,000만 명에 이릅니다."

강연장에 모인 리더들은 입을 모아 이런저런 제약과 한계에 대한 불평을 쏟아냈다.

"의사들은 동업자인 동시에 경쟁자입니다."

"의료 소송이 두렵습니다."

"정말 무서운 건 의료 개혁입니다."

나는 그들을 여러 그룹으로 나누었다. 그런 다음 지속적으로 탁월한 결과를 내놓은 보건·의료 기관을 하나 이상 생각해내라는 과제를 주었다. 모든 그룹이 진지하게 토론에 임했고, 대부분이 하나 이상의 믿음직한 사례를 생각해냈다.

나는 그들에게 다시 과제를 하나 주었다.

"다시 원점으로 돌아가서, 여러분이 이상적이라고 생각한 의료 기관과 지역이나 인구 분포, 규모 등 여러 면에서 비슷한 환경에 있지만 위대한 조직으로 도약하지 못한 의료 기관을 찾아보십시오."

각 그룹은 열심히 토론을 시작했다. 이번에도 대부분의 그룹이 조건에 해당되는 기관을 찾아냈다. 그 후에 나는 다시 물었다. "똑같지는 않지만, 비슷한 구조적 한계를 가지고 어떤 조직은 돌파구를 찾아 위대한 조직으로 도약한 반면에, 어떤 조직은 그렇지 못한 이유를 어떻게 설명해야 할까요?"

과학과 교사 로저 브리그스와 클리블랜드 관현악단의 토머스 모리스, 뉴욕 경찰청의 윌리엄 브래튼, 걸스카우트연맹의 프랜시스 헤셀베인, 티치 포 아메리카의 웬디 콥이 두 손 놓고 구조적 한계가 해결되기만을 기다렸다면, 어떻게 되었을까? 시스템 전체를 바꾸는 데는 수십 년이 걸린다. 구조 개혁이 결실을 맺을 즈음이면, 당신은 이미 은퇴하거나 이 세상을 떠났을지도 모른다. 그렇다면, 그 사이에, 시스템을 바꿔나가고 있는 바로 '지금', 당신이라면 무엇을 하겠는가?

여기에도 스톡데일 패러독스Stockdale Paradox가 적용된다.[*] 구조적 한계라는 현실을 냉혹하게 직시하는 동시에 결국에는 우리 조직이 위대한 조직으로 도약할 수 있을 것이라는 확신을 가져야 한다. 냉혹한 주변 상황에도 불구하고 위대함의 원리를 적용할 틈새를 만들기 위해 당신이 '지금' 할 수 있는 일은 무엇인가?

---

[*] 스톡데일 패러독스는 역경에 처했을 때 현실을 외면하지 않고 정면 대응하면 살아남을 수 있는 반면, 조만간 일이 잘 풀릴 거라고 낙관하면 무너지고 만다는 '희망의 역설'을 담고 있다. 《좋은 기업을 넘어 위대한 기업으로》 4장을 참고하라.

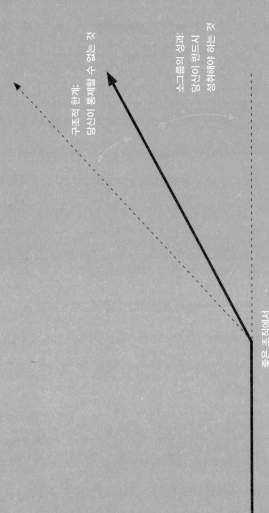

구조적 한계:
당신이 통제할 수 없는 것

소그룹의 성과:
당신이 반드시
성취해야 하는 것

좋은 조직에서
위대한 조직으로

이 책의 뒷부분에 위대함의 원리를 기준으로 기업과 비영리 기관의 차이를 분석해서 요약해두었다. 기업의 경영자든 비영리 기관의 대표든 모든 분야의 리더들은 갖은 어려움과 한계에 맞서 싸운다. 물론 상대적으로 유리한 점과 불리한 점이 있을 수는 있지만, 유리한 점과 불리한 점이 서로 맞물려 있기 때문에 어느 쪽이 더 불리하고 어느 쪽이 더 유리하다고 쉽게 판단할 수 없다는 것이 내 결론이다.

위대한 기업은 같은 분야에서 사업 활동을 하는 평범한 기업들보다는 사회 분야에서 활약하는 위대한 비영리 기관과 비슷한 점이 더 많고, 사회 분야에서 활약하는 위대한 비영리 기관도 같은 분야에서 활동하는 평범한 비영리 기관보다는 위대한 기업과 비슷한 점이 더 많다.

요컨대 중요한 것은 영리 분야와 비영리 분야의 차이가 아니라, 괜찮은 조직과 위대한 조직의 차이다.

그렇다고 비영리 분야를 지배하는 구조적인 요소들을 무시하자는 말은 아니다. 구조적 요인들도 중요하고 신중하게 다루어야 한다. 하지만 아무리 상황이 어려워도, 그런 환경에서도 위대함의 원리를 적용할 틈새를 찾아낼 수 있다는 사실은 변하지 않는다. 항공 산업이든, 교육산업이든, 보건 산업이든, 사회적 기업이든, 정부 지원을 받는 비영리 기관이든 마찬가지다.

어떤 조직이든 비합리적이고 까다로운 제약과 한계에 직면하게 마련이다. 그런데 똑같은 환경적 제약에도 불구하고 어떤 조직은 위대한 조직으로 도약하지만 어떤 조직은 그렇지 못한다. 이 문제가 《좋은 기업을 넘어 위대한 기업으로》에서 다루었던 가장 중요한 핵심이다.

위대함은 환경과 함수 관계에 있지 않다.

지금까지 살펴보았듯이, 위대함은 대체로 의식적인 선택과 규율의 문제다.

기업과

비영리 기관의 차이:

위대한 조직으로 도약하는 원리를 기준으로

위대한 조직으로 도약하는 원리를 기준으로 분석한
기업과 비영리 기관의 차이

위대한 조직으로 도약하는 원리	기업	비영리 기관
'위대함'의 정의와 평가	재무지표가 위대함을 평가하는 판단 기준으로 폭넓게 사용된다. 돈이 투입(성공을 위한 수단)인 동시에 산출(성공의 판단 기준)이다.	성과를 평가할 객관적인 기준이 적은 편이다. 돈은 투입 변수일 뿐 산출이 아니다. 성공 여부를 판단하는 주요 기준은 사명을 얼마나 잘 이루었느냐지 수익률이 아니다.
레벨 5의 리더십	지배 구조 및 계층 구조가 비교적 명확하고 단순하다. 경영 및 집행 권한이 최고 경영자에게 집중되어 있다. 리더십이 곧 권력이다.	지배 구조를 형성하는 부분이 비교적 많고 경계도 불분명한 경우가 많다. 집행 권한이 분산되어 있는데다 명확한 규정도 없다. 반드시 따라야만 하는 구속력이 없을 때에도 사람들이 자발적으로-따르게 할 때 리더십이 진정 빛을 발한다.
사람이 먼저: 적합한 사람을 버스에 태워라	이상을 향한 열정을 자극해서 돈보다 대의를 위해 헌신하도록 유도하기가 상대적으로 어렵다. 대신 유능한 사람을 채용하고 붙잡아두는 데 필요한 자원을 충분히 보유할 수 있다. 성과가 좋지 않은 부적합한 사람을 비교적 쉽게 버스에서 내리게 할 수 있다.	돈을 떠나 인생의 의미와 숭고한 봉사 정신을 중시하는 사람들의 이상을 향한 열정을 자극하기가 비교적 쉽다는 커다란 이점이 있다. 대신에 유능한 사람을 채용하고 붙잡아두는 데 필요한 자원이 부족한 편이다. 종신 직원과 자원 봉사를 복합적으로 활용하기 때문에 부적합한 사람을 버스에서 내리게 하기가 비교적 어렵다.

위대한 조직으로 도약하는 원리	기업	비영리 기관
냉혹한 현실을 직시하라	시장의 경쟁이 치열하기 때문에 경쟁력이 떨어지는 기업은 냉혹한 현실을 직시할 수밖에 없다. 기본적으로 자본주의 시스템이 작동하고, 가장 큰 성과를 거둔 기업이 결국 승리한다는 확신이 바탕에 깔려 있다.	'좋은 일을 하고 있다'는 문화가 냉혹한 현실을 직시하는 것을 방해한다. "먼저 시스템이 고쳐지지 않으면, 위대한 조직으로 도약할 수 없다"고 생각하기 때문에 구조적 한계와 제약이 '결국 능력이 승리한다'는 확신을 약화시킨다.
고슴도치 콘셉트	경제 엔진이 수익 메커니즘과 밀접히 관련되어 있다. 따라서 이익을 덧붙여 가격을 책정할 수 있는 품목만을 사회에 제공한다. 모든 기업이 잠재적 수익률(x당 수익)과 관련된 투하자본이익률이라는 기본적인 경제 동인을 추구한다.	이익을 덧붙여 가격을 정할 수 없는 사회 및 인간의 필요를 충족시키기 위해 존재한다. 고슴도치 콘셉트를 구성하는 세 번째 원이 '경제 엔진'에서 시간과 돈, 브랜드로 구성된 '자원 엔진'으로 이동한다. 어느 분야에서 활동하는 비영리 기관이냐에 따라 경제 동인이 다양하다. 모든 기관에 적용되는 경제 원리가 없다.
규율의 문화	수익 메커니즘을 기준으로 고슴도치 콘셉트에 맞지 않는 일을 거부하거나 중단하기가 비교적 쉽다. 성장 및 단기 성과에 대한 압력과 경영진의 탐욕 때문에 규율에 어긋나는 행위를 할 위험이 있다.	'좋은 일'을 하려는 욕심, 후원자 및 기금 제공자의 개인적인 욕심 때문에 자칫 규율에서 벗어나는 결정을 내릴 위험이 있다. 하지만 '성장을 위한 성장'에 대한 압력이 적고, 일반적으로 경영진도 욕심이 크지 않기 때문에, 이런 이유로 규율에서 벗어나는 결정을 내릴 위험은 적다.

위대한 조직으로 도약하는 원리	기업	비영리 기관
플라이휠 돌리기	자본 시장이 수익 메커니즘과 밀접하게 관련되어 있다. 성과가 자본을 끌어들이고, 자본이 다시 성과를 낳게 한다. 이런 식으로 시너지를 일으키며 플라이휠이 돌아간다.	최적의 결과를 창출할 수 있는 사람에게 자원을 체계적·효율적으로 공급해줄 자본 시장이 없다. 그렇지만 성공을 입증하고 브랜드를 구축한 조직은 플라이휠 효과를 활용할 수 있다. 사람들은 보통 성공한 조직을 더 좋아하는 경향이 있다.
시간을 알려주지 말고 시계를 만들어주라	경제 엔진이 이윤을 동력원으로 삼기 때문에 리더 한 사람이나 돈의 출처에 구애받지 않고 기업을 지속적으로 굴러가게 할 수 있다.	후원자들은 지속가능한 조직을 구축하려고 애쓰는 기관보다는 특정한 단기 프로젝트와 바로 연결되어 있거나(시간을 알려주거나) 카리스마 있는 리더가 이끄는 기관에 자금을 지원하는 경향이 있다.
핵심 가치를 지키되 발전을 자극하라	경쟁이라는 압력이 변화와 성장을 자극하지만, 그 때문에 핵심 가치를 보존하기가 상대적으로 어렵다. 사업 관련 지표와 추세선을 근거로 성과를 평가하고 성장을 자극하기가 비교적 쉽다.	사명에 대한 열정과 핵심 가치가 비영리 기관의 큰 이점이지만, 전통과 관례를 바꾸기가 상대적으로 어렵다. 성공을 평가하고 성장을 자극할 만한 객관적인 지표가 별로 없다.

위대한 조직을

만드는

4단계 원리

우리 팀이 밝혀낸 바에 따르면, 위대한 조직이 완성되기 위해서는 기본적으로 다음 네 단계를 거쳐야 한다.

각 단계는 두 가지 기본 원리로 이루어진다.[18]

1단계: 규율 있는 사람들

레벨 5의 리더십

레벨 5의 리더는 자기 자신이 아니라 조직과 조직의 대의와 사명에 대한 포부가 무엇보다 크다. 또한 그 포부를 실현하기 위해서는 무슨 일이든 하겠다는 단호한 의지가 있다. 레

---

18 1단계부터 3단계의 원리는 저자가 《좋은 기업을 넘어 위대한 기업으로》를 쓰면서 진행한 연구를 통해 밝혀낸 것이고, 4단계의 원리는 저자와 제리 포라스가 함께 쓴 《성공하는 기업들의 8가지 습관》에서 발췌·요약한 것이다.

벨 5의 리더는 겸손을 겸비한 성품과 직업에 대한 의지를 잘 융합한다.

사람이 먼저, 일은 그다음

몸담고 있는 조직을 위대한 조직으로 도약시킨 사람들은 적합한 사람을 버스에 태우고 부적합한 사람을 버스에서 내리게 한다. 그렇게 적합한 사람을 요직에 앉힌 다음에 버스를 어디로 몰고 갈지 생각한다. 그들은 항상 '누구'와 함께할지를 먼저 생각하고, 그다음에 '무엇'을 할지 생각한다.

2단계: 규율 있는 사고

냉혹한 현실을 직시하라

어떤 어려움이 있더라도 결국 승리할 수 있다는 굳건한 믿음을 지키되, 눈앞에 닥친 냉혹한 현실을 직시하는 규율이 있어야 한다.

고슴도치 콘셉트

고슴도치 콘셉트라는 단순하고 일관된 개념에 따라 계속해서 올바른 결정을 내릴 때 위대한 조직으로 도약할 수 있다. 고슴도치 콘셉트는 세 개의 원, 즉 세계 최고가 될 수 있는 일, 깊은 열정을 가진 일, 경제 엔진이나 자원 엔진을 최적으로 움직이는 것, 이 세 개의 원이 어떻게 교차하는지를 이해한 결과를 나타내는 경영 모델이다.

3단계: 규율 있는 행동

규율의 문화

규율 있는 사람들이 자신의 책임 안에서 자유롭게 일하고, 규율 있게 사고하고, 규율 있게 행동하는 것이 위대한 조직을 만드는 문화의 초석이다. 규율의 문화에서 일하는 사람들은 단순히 직업상의 일을 하는 것이 아니라 자신의 일과 조직에 대한 책임 의식을 갖는다.

플라이휠 돌리기

단 한 번의 결정적인 행동이나 하나의 원대한 프로그램으로 위대한 조직이 완성되는 것은 아니다. 한 가지 끝내주는 혁신이나 기막힌 행운, 기적 같은 순간이 우리가 속한 조직을 위대한 조직으로 도약시키는 것도 아니다. 위대한 조직을 세우는 과정은 크고 무거운 플라이휠을 한 방향으로 끈기 있게 돌림으로써 추진력을 쌓고, 그리하여 어느 순간 돌파를 이루는 과정과 비슷하다.

4단계: 지속적인 위대함을 구축하라

시간을 알려주지 말고, 시계를 만들어주라

진정으로 위대한 조직은 한 명의 탁월한 지도자나 하나의 뛰어난 아이디어, 또는 특정한 프로젝트를 통해 세워지는 것이 아니라, 여러 세대의 리더들을 통해 이루어지고 번창한다. 위대한 조직의 리더들은 성장을 자극하는 촉매 메커니즘을 구축하여 사명을 이루지, 자신의 카리스마에 기대어 사명을

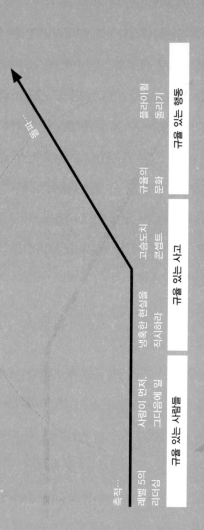

축적...

레벨 5의   사람이 먼저,   냉혹한 현실을   고슴도치   규율의   플라이휠
리더십   그다음에 일   직시하라   콘셉트   문화   돌리기

규율 있는 사람들   규율 있는 사고   규율 있는 행동

돌파

이루려 하지 않는다. 실제로 조직을 위대한 경지로 도약시킨
많은 리더가 무척 따분한 사람이었다.

핵심 가치를 지키되 발전을 자극하라

위대함을 오래 유지하는 조직에는 두 가지 특징이 있다. 첫
째, 시간이 흘러도 변하지 않는 핵심 가치와 존재 이유가 있
다. 둘째, 끊임없이 변화와 성장을 추구하는 창조적인 충동이
있다. 이런 충동은 흔히 크고 위험하며 대담한 목표BHAG로
나타난다. 위대한 조직은 결코 변하지 않아야 할 핵심 가치
를, 변화하는 세상에 끊임없이 적응하며 바꾸어야 하는 경영
전략 및 문화 규범과 명확히 구분한다.

우리에게 위대한 기업만 있다면,

풍요로운 사회를 건설할 수는 있을지 몰라도

위대한 사회를 건설하지는 못할 것이다.

경제 성장이나 경제력은

위대한 국가를 건설하는 수단일 뿐

그것만으로 위대한 국가를

건설할 수 있는 것은 아니기 때문이다.

그러므로 우리에게는 위대한 사회를 건설할

위대한 비영리 기관이 절실히 필요하다.

비영리 분야를 위한
좋은 조직을 넘어 위대한 조직으로

1판 1쇄 발행 2015. 3. 23.
1판 8쇄 발행 2024. 9. 26.

지은이 짐 콜린스
옮긴이 강주헌

발행인 박강휘
편집 이은진 | 디자인 길하나
발행처 김영사
등록 1979년 5월 17일(제406-2003-036호)
주소 경기도 파주시 문발로 197(문발동) 우편번호 10881
전화 마케팅부 031)955-3100, 편집부 031)955-3200 | 팩스 031)955-3111

값은 뒤표지에 있습니다. ISBN 978-89-349-7034-7 03320

홈페이지 www.gimmyoung.com   블로그 blog.naver.com/gybook
인스타그램 instagram.com/gimmyoung   이메일 bestbook@gimmyoung.com

좋은 독자가 좋은 책을 만듭니다.
김영사는 독자 여러분의 의견에 항상 귀 기울이고 있습니다.

GOOD TO
GREAT
AND THE SOCIAL SECTORS